FRÜCHTE
für jede Jahreszeit

ZUSAMMENGESTELLT VON
JENNENE PLUMMER

FOTOGRAFIERT VON
QUENTIN BACON UND ASHLEY BARBER

TORMONT

DANKSAGUNG
Der Verleger möchte seinen Dank an folgende Personen und Organisationen ausdrücken, die ihm während der Herstellung dieses Buches behilflich waren:

Sue Dodd und die Sydney Market Authority für nachfolgende Rezepte:
Salat mit Blaubeeren und Ziegenkäse
Beerenflan
Ruby Clafoutis
Passionsfrucht Sauce
Bananen Soufflé
und für die auf Seite 41 abgedruckte Transparenz.

Yvonne Webb für die nachfolgenden Rezepte:
Fischschaschlik
Zitronensorbet
Klöße mit Fruchtfüllung

Sherringhams Nursery, North Ryde für die Obstbäume

Entwurf: Leonie Bremer-Kamp
Entwurfsassistent: Russel Jeffery
Rezeptentwicklung: Jennene Plummer
Asssistent für die Rezeptentwicklung: Suzanna Norton

Deutsche Übersetzung: Marcel Gustave Mueller
Satzarbeiten: Rose & Paps, München
Koordination: Buch Individuell, München

Diese Ausgabe ist lizensiert von
HarperCollins Publishers Pty Limited.

Veröffentlicht 1994 von
Tormont Publications Inc.
338 Saint Antoine St. East
Montreal, Kanada H2Y 1A3
Tel. (514) 954-1441
Fax (514) 954-5086
Original Titel: Fruit for all Seasons
Copyright © Bay Books, 1992

ISBN 2-89429-509-X

Umschlagfoto von Studio Tormont.
Fotos der Kapiteleinleitungen von Quentin Bacon, Stylist: Jennene Plummer.

Gedruckt in Kanada

Inhalt

FRÜCHTE FÜR JEDE JAHRESZEIT

Ganz gleich, ob es sich um einen Imbiß handelt, um eine Vorspeise, das Hauptgericht oder ein Dessert – die perfekte Antwort heißt: Früchte. Sie sind köstlich, unkompliziert und reich an Vitaminen und Mineralstoffen. Außerdem schmecken sie gut. Eine Schale voll der köstlichsten Früchte ist ohne Zweifel eine der erfrischendsten und auch einfachsten Arten ein Mahl zu beenden.

SCHÄTZE DER NATUR

Bereits seit altersher, wird das Symbol für Fülle und Überfluß durch ein Füllhorn, überquellend mit herrlichen reifen Früchten, dargestellt. *Früchte für jede Jahreszeit* bietet eine Fülle von unwiderstehlichen Gerichten aus dem Angebot der Natur.

FRÜCHTE FÜR DIE GESUNDHEIT

Seitdem die Menschen immer mehr an ihre Gesundheit denken, hat sich das Angebot an frischen Früchten als eine der Grundlagen herauskristallisiert, die unsere Eßgewohnheiten revolutioniert haben.

FRÜCHTE SIND VIELSEITIG

Viele Leute glauben, daß Früchte ganz einfach zu Desserts gehören, zu Gelees und Marmeladen oder zum Punsch – es wäre Zeit, diese Ansicht neu zu überdenken. Früchte bringen eine pikante Note und den Eindruck des "auf der Zunge Zergehens", in unsere Speisen.

Und die Vielfalt der heute angebotenen Früchte scheint ohne Grenzen zu sein. Von den Exoten und nur wenig bekannten Früchten bis zu den Früchten aus unseren Zonen, alle bieten einen Überfluß an köstlichem Geschmack und hohem Nährwert.

Ob sie auf Bäumen wachsen oder an Büschen, alle können ohne oder mit nur geringer Zubereitung genossen werden. Und mit etwas Phantasie, kann man sie zu einem Fest zubereiten.

Zum Essen werden Früchte zumeist als Dessert oder Vorspeisen serviert, aber sie müssen sich nicht darauf beschränken. Fruchtsoßen passen z.B. hervorragend zu unseren Fleisch-, Geflügel- und selbst Fischgerichten.

Salate erhalten durch Früchte eine ganz besondere Geschmacksnote. Früchte und Käse als Abschluß eines Mahls – einfach köstlich. Und schließlich, um der besonderen Note willen, warum nicht ein paar Erdbeeren mit etwas flüssiger Schokolade überziehen?

Nicht zu vergessen natürlich, die köstlichen hausgemachten Marmeladen und Fruchtdrinks.

FRÜCHTE ALS SCHÜSSELN

Auch über das Kochen hinaus, sind Früchte vielseitig verwendbar. Wenn man das Fruchtfleisch sorgfältig herauskratzt, eignen sich Grapefruits, Cantaloupemelonen, große Orangen, Ananas, Wassermelonen und Avocados als Serviergefäße.

FRÜCHTE ALS ZARTMACHER

Früchte sind außerdem natürliche Zartmacher. Genauso kann man Fleisch oder Tintenfisch über Nacht in Papayablätter wickeln oder Fleisch in Papayasaft oder Kiwisaft marinieren – die Wirkung ist hervorragend.

FRUCHTBARE TIPS

In diesem Buch gibt es viele Hinweise und Tips wie man die Rezepte einfacher zubereiten kann (einschließlich dessen, wie man Früchte lagert und konserviert). Und es ist ebenfalls eine Erntetabelle beigefügt, die auf die günstigsten Erntezeiten hinweist.

FRUCHTIGE GENÜSSE

Wir sind überzeugt, daß die Rezepte in diesem Buch Sie dazu inspirieren werden, eigene und neue Kreationen zu schaffen oder mit neuen, exotischen oder unbekannteren Früchten zu experimentieren, die nun im Handel erhältlich sind. Ganz gleich, wozu Sie sich entschließen werden, Früchte können das ganze Jahr über ihr Auge entzücken – vom Frühling bis zum Winter. Sie sind eine köstliche, verlockende, wohlschmeckende Reise durch alle Jahreszeiten.

ÄPFEL
und
BIRNEN

Ohne Zweifel ist der Apfel mit die bekannteste Frucht. Da er bereits seit vielen, vielen Jahren kultiviert wird, kennen wir heute mehr als 3000 verschiedene Apfelsorten. Aber, ob grün, rot oder gelb, der frische Geschmack und sein knackiges Fruchtfleisch sind unverwechselbar. Äpfel schmecken immer.

Zum Kochen werden zumeist grüne Äpfel verwandt, die sich gut zu Püree verkochen lassen. Äpfel lassen sich in Salaten, in Kuchen aller Art, aber auch gebacken, gebraten oder mit Fleisch (besonders Schweinefleisch und Wild) verwenden. Man kann sie auch gut Fritieren. Verwenden Sie Äpfel mit glatter, unbeschädigter Oberfläche, nicht aber solche mit Kratzern oder Schnitten. Äpfel lassen sich ausgezeichnet lagern.

Birnen gibt es in vielerlei Größen und Formen; sie sind, einerlei ob fest oder saftig-reif, gleichermaßen köstlich. Birnen reifen sehr schnell, daher sollten sie verzehrbereit gekauft werden. Zur Aufbewahrung empfiehlt sich der Kühlschrank. Birnen werden gedünstet in einem Teigmantel, aber auch in Salaten, zu Käse, in Soufflés, Sorbets oder als Gelees geschätzt.

Die folgenden Rezepte bringen Verwendungsvorschläge von Suppen bis zu Kuchen und Marmeladen. Hierbei sind auch Nashi-Birnen und Feigen berücksichtigt worden.

KOCHEN VON FRÜCHTEN

Zum Kochen von Früchten nur ganz wenig Wasser verwenden: Für Beeren, Rhabarber und saftige Früchte sind wenige Teelöffel genug, während andere Früchte, siehe Äpfel, halb mit Wasser bedeckt sein sollten. Damit die Früchte ihre Form behalten, zuerst Wasser und Zucker zusammen aufkochen, ehe man die Früchte hinzugibt und sie gart.

SAUTIEREN

Ein schneller Kochvorgang bei großer Hitze in einer bereits sehr heißen Pfanne.

GEKÜHLTE SUPPE *aus* BIRNEN *und* LIMETTEN

250 g groben Zucker
1 l Wasser oder Birnennektar
4 Birnen, geschält, entkernt, püriert
Saft von 6 Limetten
250 ml Weißwein
2 TL Limettenwürze
300 ml saure Sahne

1 Zucker und Wasser in einen 2 l Topf geben. Den Zucker langsam bei kleiner Hitze auflösen. Rühren, Hitze weiter reduzieren und 5 Minuten köcheln.

2 Pürierte Birnen, Limettensaft und Weißwein beifügen. Weitere 10 Minuten köcheln.

3 Vom Herd nehmen und auskühlen lassen. Limettenwürze und die saure Sahne einrühren. In eine Suppenterrine umfüllen. Kühl stellen, dann servieren.

FÜR 8 PERSONEN

HÜHNERSUPPE *mit* CURRY

30 g Butter oder Margerine
1 große Zwiebel, geschält und geschnitten
2 Selleriestengel mit grünen Spitzen, geschnitten
3 TL Mehl
1 TL Currypulver
2 große grüne Äpfel, grob gehackt
250 g Hühnerfleisch, gekocht und gehackt
1,25 l Hühnerfond
1 TL Zitronensaft
Salz und Pfeffer nach Belieben

GARNITUR
Naturjoghurt oder Crème fraîche
frischer Schnittlauch, gehackt

1 Butter in einer großen Pfanne zerlassen. Zwiebel und Sellerie darin 5 Minuten sautieren bis sie weich werden. Mehl und Currypulver zugeben und weitere 3 Minuten kochen. Dabei rühren, damit das Mehl nicht anhängt.

2 Äpfel, Huhn und 250 ml Hühnerfond einrühren. 5 Minuten köcheln. Etwas abkühlen lassen.

3 Den Topfinhalt in einen Mixer geben und pürieren. Dann wieder in die Pfanne umfüllen. Jetzt den restlichen Hühnerfond und den Zitronensaft in die Pfanne geben. Würzen.

4 Zuerst aufkochen lassen, dann 10 Minuten köcheln. Abkühlen, zudecken und im Kühlschrank kalt werden lassen. Die Suppe in Teller füllen, einen Löffel Joghurt oder Crème fraîche in jeden Teller geben und mit gehacktem Schnittlauch garnieren.

FÜR 4 PERSONEN

Hühnersuppe mit Curry

ROTKOHL *mit* ÄPFELN

30 g Butter oder Margarine
1 mittelgroßer Rotkohlkopf, fein gehobelt
2 EL Honig
1 kleine Zwiebel, geschält und gerieben
1 Apfel, gerieben
1 Birne, geschält und gehackt
60 ml Rotwein
2 EL Zitronensaft

1 Butter in einer großen Pfanne zerlassen und darin den Kohl mit Honig sautieren. Zwiebel, Apfel, Birne, Wein und Zitronensaft beifügen. Aufkochen lassen.

2 Etwa 1 Stunde zugedeckt köcheln, gelegentlich den Pfanneninhalt etwas aufschütteln.

FÜR 6 BIS 8 PERSONEN

APFEL-DATTEL-SALAT *mit* KALIFORNISCHEM DRESSING

3 krispige Äpfel, entkernt und gehackt
100 g Datteln, entkernt, gehackt
60 g gehackte Mandeln
4 feste Salatblätter

KALIFORNISCHES SALATDRESSING
1 EL Worcestershire-Sauce
1 EL Olivenöl
1 TL Zitronensaft
Schale von $1/2$ Zitrone, gerieben

1 Äpfel, Datteln und Mandeln mit dem Dressing vermengen. Auf Salatblättern anrichten.

2 ZUBEREITUNG VON KALIFORNISCHEM SALATDRESSING: Alle Zutaten in einen verschließbaren Becher geben und gut schütteln.

FÜR 4 PERSONEN

 **VERWENDUNG VON ÄPFELN**

Angeschnittene Äpfel und Birnen werden infolge der Oxidation an den Schnittstellen sofort braun. Um dies zu verhindern, legt man sie in Zitronensaft.

Äpfel sollte man immer zuerst entkernen, ehe man sie schält, wenn sie ihre Form behalten sollen. Denn nach dem Schälen neigen sie dazu zu zerbrechen.

Apfel-Dattel-Salat mit Kalifornischem Dressing

Mulligatawny

 **MULLIGATAWNY**

*Diese würzige Suppe
kann auch mit Rind-
fleisch, Hammel oder
Fisch zubereitet wer-
den. Mit heißem Reis,
oder Pitabrot servieren.*

MULLIGATAWNY

750 g Hühnerteile
1 l Hühnerfond
1 Zwiebel, geschält und geschnitten
1 Karotte, geschält und geschnitten
1 Selleriestengel, geschnitten
30 g Butter oder Margarine
2 Zwiebeln, geschält, fein gehackt

2 grüne Äpfel, geschält,
entkernt und geschnitten
2 EL Mehl
1 EL Currypulver
1 Lorbeerblatt
$^1/_4$ TL Feinwürzmittel
4 EL Sahne

1 Hühnerteile in eine Kasserolle legen.
Hühnerfond, Zwiebel, Karotte und Sellerie
beifügen. Zudecken und 1 Stunde köcheln.

2 Die Hühnerteile herausnehmen, Haut und Knochen entfernen. Dann das Fleisch in kleine Stücke schneiden.

3 Die Brühe filtern. 4 Stunden kalt stellen, dann das Fett von der Oberfläche abheben.

4 Butter in einer Pfanne zerlassen und darin Zwiebeln und Äpfel 3 Minuten sautieren. Mehl und Currypulver einrühren. 1 weitere Minute kochen.

5 Fond, Lorbeerblatt und Feinwürzmittel beifügen. Zudecken und 15 Minuten köcheln. Huhn und Sahne unterziehen. Noch einmal 5 Minuten kochen, bis das Huhn heiß ist.

FÜR 8 PERSONEN

KORIANDER- *und* BIRNENSALAT

Die Kombination von Koriander und Birne ist köstlich. Mit ein paar zusätzlichen Pecan- oder Walnüssen kann man dem Salat noch eine Extranote geben.

4 reife Nashi-Birnen
1 Schälchen Brunnenkresse
200 g Birnen oder Kirschtomaten
6 EL frische Korianderblätter, gehackt
1/2 Bündel Frühlingszwiebeln, geschnitten
1/2 Bündel Schnittlauch, in Röllchen

DRESSING
125 ml Olivenöl
2 bis 3 EL Zitronensaft
2 EL scharfen Senf
1 Knoblauchzehe, geschält, zerdrückt und gesalzen
schwarzer Pfeffer, frisch gemahlen

1 Die Birnen halbieren und das Gehäuse entfernen, dann längs halbieren. Mit der Brunnenkresse in einer Salatschüssel arrangieren, die Tomaten, den Koriander, die Frühlingszwiebeln und den Schnittlauch darüberstreuen.

2 **FÜR DAS DRESSING:** Alle Zutaten in einer kleinen Schüssel gründlich vermengen. Über den Salat gießen und diesen dann vor dem Servieren leicht aufschütteln.

FÜR 4 PERSONEN

CURRY *vom* LAMM

Zu diesem Currygericht empfiehlt sich gekochter Reis, garniert mit roten Pfefferschoten oder Zitronenscheiben.

1¼ kg Lammschulter oder -schlegel, ausgelöst und in Würfel geschnitten
60 g Mehl
Salz und frisch gemahlener schwarzer Pfeffer, nach Belieben
90 g Butter oder Margarine
2 grüne Äpfel, geschält, entkernt und geschnitten
2 Zwiebeln, geschält und gehackt
1 Tomate, in Vierteln
2 Knoblauchzehen, gepreßt
1 bis 2 EL Currypulver
435 ml Brühe oder Wasser
2 EL Sultaninen oder Rosinen
2 EL Kokosraspeln
1 TL braunen Zucker
abgeriebene Schale und den Saft von 1/2 Zitrone
1 EL Mandelblättchen

1 Das Fleisch in einer Kombination von Mehl und Gewürzen rollen. Überflüssige Pannade abschütteln.

2 In einer großen Pfanne Butter zerlassen. Fleisch zugeben, gut anbräunen. Aus der Pfanne nehmen und beiseite stellen.

3 Äpfel, Zwiebeln, Tomaten, Knoblauch und Currypulver in die Pfanne geben. 2 bis 3 Minuten schmoren. Überflüssiges Fett abschöpfen.

4 Jetzt die Brühe zusammen mit allen anderen Zutaten – außer den Mandeln – in die Pfanne geben. Ebenso das Fleisch. Zugedeckt etwa 2 Stunden oder bis das Fleisch weich ist, garen. Die Mandeln einrühren.

FÜR 6 PERSONEN

TIPS FÜR ÄPFEL

Äpfel sehen besonders attraktiv und appetitlich aus, wenn man sie nach dem Entfernen des Kerngehäuses entweder in Ringe schneidet oder in Viertel.

Apfelschalen geben einem Gericht eine liebliche, bunte Farbe, deshalb sollte man sie nur dann entfernen, wenn es im Rezept ausdrücklich verlangt wird.

TIPS FÜR BIRNEN

Birnen haben ein sehr delikates Fruchtfleisch, bitte vorsichtig behandeln.

Wenn in einem Rezept eine ganze Birne angegeben ist, ist es zweckmäßig, mit einem Kernausstecher oder mit einem kleinen Löffel die Birne vom Boden her von ihrem Kerngehäuse zu befreien.

WACHTELN *mit* WILDEM REIS *und* APFEL

9 Wachteln (1¹/₂ Wachteln pro Person)
8 Wacholderbeeren, 2 bis 3 Stunden in
3 EL Madeira eingelegt
375 ml Hühnerbrühe

FÜLLUNG
30 g Butter oder Margarine
2 Frühlingszwiebeln, fein gehackt
Leber und Herzen der Wachteln, gewürfelt
300 g Wilden Reis, gekocht
1 großer roter Apfel, geschält und
geschnitten
2 EL Sahne
1 Eidotter
Salz und Pfeffer nach Belieben
1 Prise Zitronenthymian

GEMÜSEBETT
30 g Butter oder Margarine
2 Frühlingszwiebeln, gehackt
1 kleine Karotte, gewürfelt
1 kleine Selleriestange, gewürfelt

❦ REDUZIEREN
*Reduzieren bedeutet,
eine Flüssigkeit schnell
einkochen und ver-
dampfen lassen, damit
der Rest eindickt.*

❦ GEMÜSEBETT
*Stellt eine Mischung
aus verschiedenen sau-
tierten Gemüsen dar,
vornehmlich für
Fleisch-, Fisch- und
Schellfischgerichten,
um den Geschmack zu
verbessern.*

1 Die Wachteln auf den Rücken legen und vom unteren Ende her den Bauch aufschlitzen. Alle kleinen Gerippeknochen entfernen, aber die Beine ganz lassen.

2 FÜR DIE FÜLLUNG: Butter in einer Pfanne zerlassen, dann die Frühlingszwiebeln beigeben. Glasig werden lassen. Leber und Herzen der Wachteln zugeben. 5 Minuten sautieren. Den Wilden Reis und die Apfelstücke untermischen. Mit der Sahne und dem Eidotter abbinden und würzen.

3 FÜR DAS GEMÜSEBETT: Butter zerlassen und die Gemüse darin sautieren, bis sie weich sind. Mit einem Löffel auf dem Boden einer feuerfesten Keramikschüssel verteilen.

4 Die Füllung mit einem Löffel in die Wachteln füllen, dann die Öffnungen mit einem Baumwollfaden verschließen. Die Wachteln in einer Reihe auf dem Gemüsebett anordnen und bei 200°C im Ofen backen, 15 bis 20 Minuten, dabei häufig bestreichen. Anschließend die Wachteln herausnehmen und die Verschlußfäden entfernen. Gut warm stellen.

5 FÜR DIE SAUCE: Das Gemüse entfernen, aber die Kochflüssigkeit in eine kleine Pfanne umfüllen. Die Wacholderbeermischung zugeben und die Hühnerbrühe. Sauce aufkochen lassen, dann reduzieren, bis sie gut eindickt. Würzen, durchseihen und mit einem Löffel kurz vor dem Servieren über die Wachteln verteilen.

FÜR 6 PERSONEN

BIRNEN *und* PROSCIUTTO

250 g Prosciutto, dünn geschnitten
4 Birnen, geschält und geschnitten
2 Kiwis, geschält und geschnitten
1 Mango, geschält, entkernt, geschnitten

GARNITUR
Hüttenkäse

1 Schinken und Früchte abwechselnd auf einer Servierplatte arrangieren oder auf 4 einzelnen Desserttellern. Mit Hüttenkäse servieren.

FÜR 4 PERSONEN

APFELSTRUDEL

10 Lagen Blätterteig
125 g Butter oder Margarine
60 g Semmelbrösel, frisch
4 Äpfel, geschält, entkernt, geschnitten
125 g Rosinen
60 g Walnüsse, gehackt
1 TL Zimt
3 bis 4 EL Rum oder die geriebene Schale
sowie den Saft von $^1/_2$ Zitrone
125 g grober Zucker
2 EL Milch
45 g Puderzucker

1 Die Hälfte der Teigblätter (5) mit zerlassener Butter bestreichen, übereinanderlegen. Beiseite stellen. Den Vorgang mit den restlichen Teigblättern wiederholen, mit einem feuchten Tuch abdecken.

2 Semmelbrösel über die ersten Teigscheiben verstreuen. Darüber dann die Füllung aus Äpfeln, Rosinen, gehackten Walnüssen und Gewürzen. Mit Rum beträufeln und zuckern.

3 Mit den restlichen Teiglagen bedecken und rollen. Auf ein eingefettetes Backblech legen, mit Milch bestreichen.

4 Bei 200°C für 30 Minuten backen. Auf einer Servierplatte anrichten und mit dem Puderzucker bestäuben. In Scheiben schneiden. Heiß servieren.

FÜR 8 BIS 10 PERSONEN

Apfelstrudel

$^1/_4$ TL Nelken, gemahlen
180 g Walnüsse, gehackt
180 g Datteln, gehackt
60 g Rosinen
3 EL Milch

GLASUR
1 EL braunen Zucker
30 g Walnüsse, gehackt
$^1/_2$ TL Zimt

GEWÜRZTER APFELKUCHEN

500 g Granny Smith Äpfel, geschält,
entkernt, geschnitten
4 EL Wasser
Saft von $^1/_2$ Zitrone
180 g Butter oder Margarine
90 g braunen Zucker
450 g Mehl
1 TL Backsoda
1 TL Zimt, gemahlen
$^1/_2$ TL Muskatnuß, gemahlen
$^1/_2$ TL Muskatblüten, gemahlen

1 Die Äpfel bei kleiner Flamme in Wasser und Zitronensaft weichkochen. Mit einem Holzlöffel zerdrücken. Abkühlen lassen.

2 Butter und Zucker schaumig rühren, dann das Mehl mit dem Backsoda und den Gewürzen zu den Äpfeln einsieben. Walnüsse, Datteln, Rosinen, Äpfel und Milch beifügen. Die Mischung in eine 12 x 34 cm Backform füllen.

3 **FÜR DIE GLASUR:** Alle dazugehörigen Zutaten vermengen, über den Strudel streuen. Bei 180°C etwa $1^1/_4$ bis $1^1/_2$ Stunden backen. Abschließend 15 Minuten ruhen lassen. Auf ein Drahtgitter zum Auskühlen legen.

 MEHL SIEBEN

Beim Sieben von Vollweizenmehl etwa ausfallende Partikel nicht wegwerfen, sondern zum Mehl zurückgeben.

*Birnen Tarte mit
Frangipanicreme*

BIRNEN TARTE *mit* FRANGIPANICREME

2 backfertige Tortenböden
4 Birnen, geschält, halbiert, entkernt
500 ml Wasser
250 g Zucker
1 Streifen Zitronenschale
300 g Aprikosenmarmelade, angewärmt
und abgeseiht

FRANGIPANICREME
125 g ungesalzene Butter oder Margarine
125 g Zucker
2 große Eier, geschlagen
125 g gemahlene Mandeln
1 EL Mehl
einige Tropfen Kirsch- oder Rumessenz

❦ BLINDBACKEN

Den Teig mit Backpapier, trockenen Bohnen oder ungekochtem Reis gut abdecken. Bei 200°C etwa 10 Minuten backen. Dann Papier und Bohnen bzw. Reis entfernen. Weitere 5 Minuten backen. Abkühlen lassen.

1 Zuerst die Seiten und den Boden einer 25 cm großen Tarteform mit dem Teig auslegen und die Ränder formen. Dann bei 200°C etwa 10 Minuten blindbacken. Abkühlen lassen.

2 Die Birnen in Wasser, Zucker und der Zitronenschale weich kochen. Im Saft abkühlen lassen, dann auf einem Küchentuch abtropfen.

3 FÜR DIE FRANGIPANICREME: Butter und Zucker schaumig rühren. Eier nach und nach zugeben, gut verschlagen. Mandeln, Mehl und Kirschessenz unterziehen und alles zu einer cremigen Paste verarbeiten.

4 Die Hälfte der Frangipanicreme auf den Tortenboden auftragen. Die Birnenhälften, Schnittseite nach unten, darüber arrangieren. Die restliche Crememischung nun zwischen und über die Früchte verteilen.

5 Bei 180°C etwa 40 Minuten backen, bis die Creme fest und goldbraun geworden ist. Mit Aprikosenmarmelade bestreichen.

FÜR 8 PERSONEN

STREUSELKUCHEN *mit* APFEL *und* PFLAUMEN

500 g Kochäpfel, geschält, entkernt und
geschnitten
500 g Pflaumen, halbiert, entsteint
250 g groben Zucker
3 bis 4 EL Orangensaft
125 g Butter oder Margarine, in Würfelchen
280 g Mehl, gesiebt
60 g Mandelblättchen
geriebene Schale von 1 Orange

1 Die Hälfte der Früchte in eine große, feuerfeste Form geben und mit 60 g Zucker bestäuben und dem Orangensaft bestreichen, ehe die restlichen Früchte eingefüllt werden.

2 Butter und Mehl vermischen, bis krümelähnliche Streusel entstehen. Dann den restlichen Zucker, die Mandeln und die Orangenschale unterziehen.

3 Die Streuselmischung dick auf die Früchte auftragen. 35 bis 40 Minuten bei 180°C backen, bis die Oberfläche goldbraun wird. Sofort mit Schlagsahne oder Vanillesauce servieren.

FÜR 6 BIS 8 PERSONEN

SCHRITT-FÜR-SCHRITT-ANLEITUNG

BIRNE *im* TEIGMANTEL

Wenn man den Stiel an der geschälten Birne läßt, gibt das einen tollen Effekt. Man kann dasselbe auch mit anderen Früchten, wie Äpfeln oder Pfirsichen machen. Hier bieten sich viele Möglichkeiten an.

125 g Butter oder Margarine
3 bis 4 EL Zucker
3 bis 4 EL gemahlene Mandeln
1 Prise Zimt
1 Ei, getrennt
1 EL Orangenlikör
4 Birnen, reif und weich
500 g backfertigen Blätterteig
2 EL Aprikosenmarmelade

1 Aus Butter, Zucker, gemahlenen Mandeln und Zimt eine feste Paste rühren. Nach und nach den Eidotter zugeben und den Orangenlikör.

2 Birnen schälen und entkernen. Halbieren. Die Vertiefungen mit der Paste füllen, dann bei Hälften zusammenpressen.

3 Den Blätterteig in 4 rechteckige Stücke ausrollen, 10 cm x 20 cm. Jeweils eine Birne in die Mitte legen. Die Teigecken mit Wasser befeuchten und die Birnen damit umhüllen. Die Birnenform muß dabei bewahrt werden. 2 kleine Einschnitte in der Nähe des Stiels nicht vergessen, damit der Dampf entweichen kann. Mit leicht geschlagenem Eiweiß bestreichen, dann 15 Minuten ruhen lassen.

4 Auf ein eingefettetes Backblech legen. 20 Minuten bei 200°C backen.

5 Die Aprikosenmarmelade erhitzen, bis sie gut flüssig geworden ist. Später, wenn die Birnen aus dem Herd genommen werden, mit dieser Marmelade überstreichen. Es entsteht ein Glasureffekt. Ganz heiß mit Eiscreme oder Vanillesauce servieren.

FÜR 4 PERSONEN

Butter, Zucker, Zimt und Mandeln cremig rühren.

Birnen schälen, entkernen, halbieren und die Hälften füllen.

Birne in einen Teigmantel hüllen, dabei die Form bewahren.

APFEL-MANDEL-FLAN

TEIG
180 g Mehl
90 g Butter oder Margarine
1 Eidotter
1 bis 2 EL Zitronensaft oder Wasser

FÜLLUNG
125 g Butter oder Margarine
125 g groben Zucker
2 Eier
60 g geriebene Mandeln
1 EL Mehl
3 grüne Äpfel, geschält, entkernt und dünn
geschnitten
2 EL durchgeseihte Aprikosenmarmelade
(nach Wunsch)
Puderzucker zum Überstäuben

1 FÜR DEN TEIG: Mehl in eine Schüssel sieben. Butter oder Margarine mit den Fingern unterkneten, bis richtige Streusel entstanden sind.

2 Mit dem Eidotter und Zitronensaft oder Wasser die Streusel zu einem knetbaren Teig verarbeiten. Dann in Folie einrollen und mindestens 20 Minuten in den Kühlschrank legen.

3 FÜR DIE FÜLLUNG: Butter und Zucker zu einer leichten, cremigen Masse verrühren. Eier, Mandeln und Mehl einarbeiten und beiseite stellen.

4 Den Teig so ausrollen, daß er eine eingefettete 23 cm Backform ausfüllt. Die Ränder hochziehen und für 10 bis 15 Minuten in den Kühlschrank stellen.

5 Die Mandelfüllung über den Teigboden streichen und glätten.

6 Nunmehr die Apfelscheiben dekorativ auf dem Boden verteilen, sie dabei leicht andrücken.

7 Bei mittlerer Hitze (190°C) 15 Minuten backen, dann die Temperatur herabsetzen auf 180°C und weitere 25 bis 30 Minuten backen, bis die Oberfläche goldbraun wird.

8 Die Marmelade leicht erwärmen. Über die Äpfel verstreichen. Abkühlen lassen und mit Puderzucker bestäubt servieren.

FÜR 8 BIS 10 PERSONEN

Apfel-Mandel-Flan

MARMELADE *aus* FRISCHEN FEIGEN *und* ÄPFELN

500 g frische Feigen, gewaschen und geschnitten
2 Kochäpfel (ungefähr 250 g), geschält, entkernt und geschnitten
Saft von 3 Zitronen
geriebene Schale von 1 Zitrone
500 g Zucker

1 Feigen und Äpfel zusammen mit dem Zitronensaft und der Zitronenschale in einen Topf geben und vorsichtig bei niedriger Temperatur köcheln.

2 Sobald die Früchte richtig weich geworden sind, Zucker zugeben und solange rühren, bis er sich aufgelöst hat. Zum Kochen bringen und dann schnell aufkochen, bis die Temperatur auf dem Zuckerthermometer 105°C erreicht hat.

3 Die Marmelade in heiße, saubere Gläser umfüllen, mit Wachspapier verschließen und versiegeln.

ERGIBT 1 KG

APFELBUTTER

750 g Kochäpfel
650 ml Apfelcidre
soviel groben Zucker wie benötigt
1/2 TL Zimt, gemahlen
1/2 TL Nelken, gemahlen
geriebene Schale von 1/2 Zitrone

1 Die Äpfel waschen, vierteln und entkernen, aber nicht schälen. In einen großen Topf mit Apfelcidre geben. Kurz aufkochen, dann langsam köcheln, bis die Äpfel zerfallen.

2 Äpfel und Cidre durch ein Sieb passieren. Reste entfernen. Die Menge des Fruchtpürees messen und jeweils 325 g Einmachzucker für je 625 ml Püree zugeben. Zucker und Püree wieder in den Topf füllen.

3 Gewürze und Zitronenschale zugeben und das Püree dann solange umrühren, bis sich der Zucker ganz gelöst hat. Die Mischung muß am Ende sehr dick, cremig und fast schon fest sein.

4 In heiße, sterilisierte Gläser umfüllen. Versiegeln und kalt werden lassen.

ERGIBT 1,5 KG

SENF *mit* ÄPFELN *und* BIRNEN

250 ml trockenen Weißwein
125 ml weißen Traubensaft
2 Zimtstangen
Schale von 1 Zitrone
375 g grüne Kochäpfel, geschält, entkernt, in Würfel geschnitten
375 g Birnen, geschält, entkernt und in Würfel geschnitten
eine kleine Traube (150 g) kernlose weiße Trauben, ohne Haut
200 g Dijon-Senf
1/2 TL dunklen Senfsamen

1 Wein, Traubensaft, Zimtstangen und Zitronenschale in einen Topf geben. 5 Minuten köcheln.

2 Die Zitronenschale herausnehmen. Weitere 5 Minuten köcheln. Zimtstangen herausnehmen.

3 Die Früchte zugeben. Noch einmal 15 bis 20 Minuten köcheln bis alles weich ist. Nunmehr ganz vorsichtig Senf und Senfsamen unterziehen. Weitere 2 bis 3 Minuten köcheln. In heiße, sterilisierte Gläser umfüllen. Versiegeln.

ERGIBT 900 GRAMM

MARMELADE EINKOCHEN

Man kann am besten mit einem Zuckerthermometer den Augenblick bestimmen, wann der Sättigungspunkt für die Marmelade erreicht ist. Man kann aber auch etwas Marmelade auf einen kalten Teller geben. Sobald die Haut sich zusammenzieht und Falten schlägt, wenn man mit dem Finger antippt, ist die Marmelade fertig.

CITRUS-FRÜCHTE

Orangen, Zitronen, Limonen, Grapefruits, Pomelos, Mandarinen, Tangerinen und Kumquats gehören alle zur Citrus-Familie. Sie umfassen ein breites Geschmacksspektrum von scharf-bitter bis zu süß und empfehlen sich damit für ganz spezielle Verwendungen.

Kaufen Sie bitte feste, glänzende, unbeschädigte Früchte ohne weiche Stellen. Lagern Sie diese an einem kühlen Platz. Da Mandarinen eine lockere Schale besitzen, eignen sie sich weniger zur Lagerung, als etwa Orangen mit ihrer anliegenden Schale. Man kann Citrusfrüchte wochen-lang im Kühlschrank aufheben. Angeschnittene Früchte jedoch, sollten mit Frischhaltefolie bedeckt, im Kühlschrank aufgehoben und bald verbaucht werden.

Zitronen und Limonen werden besonders zu Fischen und Meeresfrüchten geschätzt, geben aber auch herrliche Desserts ab.

Die nachfolgenden Rezepte bringen Vorschläge, die von Suppen und Dressings bis zu Hauptgerichten, Süßigkeiten und Marmeladen reichen. Die denkbare Verwendungsbreite von Citrusfrüchten ist jedoch nahezu unbeschränkt.

SUPPE *aus* KAROTTEN *und* ORANGEN

750 g Karotten, geschält und geschnitten
1 Zwiebel, geschält und gehackt
2 Selleriestangen, gehackt
1 l Hühner- oder Gemüsebrühe
1 Lorbeerblatt
1 EL Maismehl
geriebene Schale und Saft von 1 Orange
1 gute Prise Muskat
Gewürze nach Belieben
3 bis 4 EL Sahne (nach Wunsch)

1 Das Gemüse zusammen mit der Brühe und dem Lorbeerblatt in einen Topf geben. Zudecken und etwa 20 Minuten simmern, bis das Gemüse weich ist. Dann wird es entweder im Mixer püriert oder durch ein Sieb gepreßt.

2 Das Maismehl in ein wenig Suppe auflösen.

3 Das Gemüsepüree, das aufgelöste Maismehl, die Orangenschale nebst Saft, Muskat und die Gewürze in die Suppe geben. Aufkochen lassen. Dann 3 Minuten köcheln, dabei umrühren.

4 Die Suppe in eine Terrine umfüllen. Mit Sahnehäubchen dekorieren.

FÜR 6 PERSONEN

TABBOULEH

Aus Bequemlichkeitsgründen empfiehlt es sich, die Petersilie und die Minze im Mixer zu zerkleinern.

180 g Weizenschrot
1 1/2 Bündel italienische Petersilie, ganz fein gehackt
1/2 Bündel Frühlingszwiebeln, fein gehackt
6 EL frische Minze, fein gehackt
Saft von 1 großen Zitrone
3 bis 4 EL Olivenöl
2 Tomaten, grob zerkleinert
Salz und schwarzer Pfeffer, frisch gemahlen

1 Den Weizenschrot 10 Minuten im Wasser ziehen lassen, oder bis alle Flüssigkeit aufgesogen ist.

2 Jetzt den Weizenschrot in eine Salatschüssel geben, Petersilie, Frühlingszwiebeln und Minze beifügen. Mit Zitronensaft und Olivenöl übergießen. Tomaten und Gewürze mit einer Gabel unterziehen.

FÜR 4 BIS 6 PERSONEN

SALAT *mit* CITRUS-FRÜCHTEN *und* MANGOS *und* SAHNEDRESSING

1 Kopfsalat, Blätter gewaschen und getrocknet
3 Selleriestengel, in 8 cm lange Stücke geschnitten
425 g Mangoschnitzel aus der Dose, abgetropft
3 Orangen, geschält, filetiert
1 Gurke, entkernt und fein geschnitten
6 Frühlingszwiebeln, fein geschnitten

SAHNEDRESSING
4 EL Mayonnaise
125 ml Sahne
Salz und schwarzer Pfeffer, frisch gemahlen
2 EL Petersilie, gehackt
1 TL französischen Senf
3 TL Orangensaft
2 TL Zitronensaft

1 Die Salatblätter auf der Servierplatte anrichten.

2 Selleriekringel macht man, indem man den Sellerie nur an einem Ende längs einschneidet und ihn dann in Eiswasser wirft, bis er sich aufrollt.

3 Die Mangoschnitzel, Orangenfilets, Selleriekringel und Gurke zwischen den Salatblättern verteilen. Mit Frühlingszwiebeln garnieren. Bis zum Servieren kühl stellen.

4 FÜR DAS DRESSING: Alle Zutaten hierfür vermengen. Zwischen 15 und 20 Minuten ziehen lassen, ehe es verwendet wird. Separat servieren.

FÜR 6 BIS 8 PERSONEN

SALAT *mit* HUHN *und* FRÜCHTEN

300 g Hühnerfleisch, gekocht und in Würfeln
geschnitten

60 g Langkornreis, braun, gekocht

2 Grapefruits, geschält und filetiert

2 Karotten, Julienne geschnitten

2 TL gehackte Zwiebel

1 große reife Avocado

2 EL Zitronensaft

1 EL Essig

1 EL Öl

Salatblätter zum Anrichten

Brunnenkresse zum Garnieren

DRESSING
6 EL Mayonnaise

1 TL Currypulver

1 Huhn, Reis, Grapefruitfilets, Karotten
und Zwiebel in eine Salatschüssel geben
und gut schütteln.

2 Die Avocado schälen und würfeln. Mit
Zitronensaft bestreichen.

3 Essig und Öl mischen. Zur Hühnermi-
schung geben, zusammen mit der Avocado
und dem Zitronensaft. Vorsichtig schütteln.

4 Den Salat auf einem Kopfsalatbett servieren. Mit der Brunnenkresse garnieren.

5 FÜR DAS DRESSING: Alle Zutaten vermengen, getrennt servieren.

FÜR 4 PERSONEN

Salat mit Huhn und Früchten

Salatzutaten und die marinierte Avocado.

Öl und Essig mischen, zum Salat geben.

Die Salatdressingzutaten mischen.

Floridasalat mit Walnußmayonnaise

BROCCOLISALAT *mit* ZITRONEN-MAYONNAISE

Für diesen delikaten Salat wird italienisches Dressing verwendet, während Zitronenmayonnaise zusätzlich angeboten wird.

3 große Köpfe Broccoli, in Röschen gebrochen

ITALIENISCHES DRESSING
2 EL Weinessig
¹/₂ Knoblauchzehe, geschält und gepreßt
Salz und schwarzer Pfeffer, frisch gemahlen
250 ml Olivenöl
1 EL frische Petersilie, fein gehackt

ZITRONENMAYONNAISE
500 ml Mayonnaise
500 ml saure Sahne
80 ml Zitronensaft, frisch gepreßt
1 EL Zitronenschale, fein gerieben
2 EL Meerrettichwurzel, gerieben
1 EL scharfen Senf

1 Die Broccoliröschen in einen Dampftopf geben und über kochendem Wasser weich werden lassen (etwa 3 Minuten). Wenn der Dampftopf zu klein ist, den Vorgang mit kleineren Mengen wiederholen.

2 Sobald der Broccoli gekocht ist, ihn sofort in Eiswasser abschrecken, ohne dabei die Röschen zu zerbrechen. Abkühlen. In Folie einschlagen. Über Nacht in den Kühlschrank geben.

3 FÜR DAS ITALIENISCHE DRESSING: Weinessig, Knoblauch, Salz und Pfeffer vermengen. Öl und Pertersilie nach und nach einrühren. Unmittelbar vor dem Servieren über den Broccoli geben.

4 FÜR DIE ZITRONENMAYONNAISE: Alle Zutaten in einer Schüssel verschlagen. Dieses Dressing kann im voraus zubereitet und dann im Kühlschrank aufgehoben werden. Getrennt servieren.

FÜR 10 PERSONEN

FLORIDASALAT *mit* WALNUSS-MAYONNAISE

🍒 FILETS VON CITRUSFRÜCHTEN

Wenn man Citrusfrüchte (es handelt sich zumeist um Orangen) filetieren möchte, zuerst die ganze Schale entfernen sowie die weißen Filamente zwischen den Segmenten. Mit einem sehr scharfen Messer dann die Filets abtrennen und herausnehmen.

3 Tomaten, gewürfelt
2 Äpfel, gewürfelt
2 Orangen, geschält und filetiert
1 Grapefruit, geschält und filetiert
3 EL Mayonnaise
1 EL Zucker
1 EL Sahnekäse
1 EL Walnüsse, gehackt
Salatblätter zum Servieren

1 Tomaten, Äpfel, Orangen- und Grapefruitfilets in einer Schüssel vermengen.

2 Mayonnaise, Zucker, Sahnekäse und Walnüsse miteinander verarbeiten. Über den Salat gießen. Dann gut aufschütteln. Vor dem Servieren erst noch zudecken und kühl stellen.

3 Auf einem Salatbett anrichten. Mayonnaise kann gesondert angeboten werden.

FÜR 4 BIS 6 PERSONEN

ZITRONEN-JOGHURT-DRESSING

Dies ist ein ölfreies Dressing, mit frischen Kräutern zubereitet, das sich besonders für Paw Paw, Trauben, Melonen und Erdbeeren empfiehlt.

160 ml Joghurt
1 EL Petersilie, fein gehackt
1 EL Schnittlauch, fein gehackt
1 EL Thymian oder Minze, fein gehackt
Saft und die fein geriebene Schale
von 1/2 Zitrone
schwarzer Pfeffer, frisch gemahlen

1 Alle Zutaten in einen Mixbecher geben und sehr gut schütteln. Bis zum Servieren kühl stellen

ERGIBT 160 ML

AIOLI

Diese köstliche Knoblauchmayonnaise eignet sich besonders gut für frische Meeresfrüchte.

12 bis 16 Knoblauchzehen,
geschält und grob gehackt
3 Eidotter
Salz und schwarzer Pfeffer, frisch gemahlen
500 ml Olivenöl
Saft von 2 Zitronen

1 Knoblauch und Eidotter in einem Mixer pürieren, Salz und Pfeffer zugeben.

2 Bei langsam laufendem Mixer das Öl in dünnem Strahl, anfangs ganz langsam, zufließen lassen. Wenn die Sauce dick wird, Zitronensaft zugeben.

3 Probieren und nach Bedarf mehr Zitronensaft oder Pfeffer und Salz zugeben.

ERGIBT 625 ML

ZITRONENGRAS HÜHNCHEN

Shrimpspaste sollte man zuerst in etwas Alufolie einwickeln und ein paar Minuten in einer kleinen Bratpfanne rösten. Nach dem Abkühlen wie vorgesehen verwenden.

4 Stengel Zitronengras, dünn geschnitten
1/2 Bündel Frühlingszwiebeln, gehackt
1 Zwiebel, geschält und gehackt
1 EL Shrimpspaste
375 ml Kokosnußmilch
1 EL Rohzucker
1 EL Currypulver
1 kg Hühnchenteile, ohne Haut
Saft von 1 Zitrone
4 EL Öl
2 EL Sambal Oelek (gehackter Chili in Öl)
125 ml Wasser
2 Limettenblätter oder 1/2 TL Limettenschale
Salz und scharzer Pfeffer, frisch gemahlen,
ganz nach Belieben

1 Zitronengras, Frühlingszwiebeln, Zwiebel, Shrimpspaste und 125 ml Kokosnußmilch in einen Mixer geben. Daraus eine feine Paste machen.

2 Zucker und Currypulver in einer kleinen Schüssel mischen. Die Hühnchenteile mit dem Zitronensaft einreiben. Dann die Currymischung über die Hühnchen stäuben. 1 Stunde ziehen lassen.

3 Öl in einer feuerfesten Kasserolle erhitzen. Sambal Oelek zugeben. 1 Minute kochen. Dabei ständig rühren.

4 Hühnchen zugeben. Braten, bis es goldbraun wird. Das Zitronengras, die restliche Kokosmilch, Wasser, Limettenblätter und Gewürze ebenfalls zugeben. Offen 35 Minuten köcheln lassen, bis das Hühnchen weich ist und die Sauce leicht eindickt. Mit dampfendem gekochten Reis servieren.

FÜR 4 BIS 6 PERSONEN

GERIEBENE SCHALE

Die äußere Schicht der Schalen von Citrusfrüchten kann man mit einer kleinen Reibe abnehmen, wobei man darauf achten sollte, daß nur die Farbschicht entfernt wird und nicht die weiße, darunterliegende Schicht, die sehr bitter ist. Man kann dies aber auch mit einem eigenen Schälmesser machen. Man kann diese Streifen blanchieren, oder, wenn sie mit einem speziellen Schaber abgehoben werden, sind sie so dünn, daß man sogar auf das Blanchieren verzichten kann.

ZITRONEN ALS GARNIERUNG

Zitronen sind ganz hervorragend als Garnitur für viele Gerichte verwendbar, einerlei, ob als Scheiben, als Keile oder anderweitig.

*Die Zitronen-, Knob-
lauch- und Petersilien-
gremolata läßt den
Osso Buco besonders
köstlich erscheinen.*

OSSO BUCO ALLA MILANESE

8 Stücke Kalbsfilet
Mehl
90 g Butter oder Margarine
1 kleine Zwiebel, geschält und dünn
geschnitten
1 kleine Karotte, geschält und geschnitten
1 kleines Stück Sellerie, geschnitten
1 Knoblauchzehe, geschält und geschnitten
Salz und schwarzer Pfeffer, frisch gemahlen
125 ml Weißwein
425 g Tomaten aus der Dose
250 ml Rinderbrühe

GREMOLATA
4 EL frische Petersilie, gehackt
1 Knoblauchzehe, geschält und fein gehackt
geriebene Schale von 1 Zitrone

1 Das Kalbfleisch im Mehl wenden. Butter in einer Pfanne zerlassen und das Fleisch darin gut anbräunen.

2 Zwiebel, Karotten, Sellerie, Knoblauch und Gewürze zugeben. Rühren und dabei das Kalbfleisch gelegentlich wenden.

3 Wenn der Pfanneninhalt schön goldbraun geworden ist, Wein zugießen. Köcheln lassen, bis die Flüssigkeit nahezu ganz verdampft ist.

4 Die durchpassierten Tomaten und die Brühe zugeben. Ganz langsam etwas über eine Stunde köcheln lassen, bis das Fleisch so weich ist, daß es sich von den Knochen löst. Sollte die Sauce zu dick werden, etwas Wasser zugeben.

5 FÜR DIE GREMOLATA: Petersilie, Knoblauch und die geriebene Zitronenschale vermengen. Den Osso Buco mit dieser Mischung bestreut servieren.

FÜR 4 PERSONEN

Fischschaschlik

*Beim Kauf von Citrus-
früchten sollte man
grundsätzlich die
schwereren Früchte
auswählen.
Leichtere Früchte las-
sen durch ihr geringe-
res Gewicht erkennen,
daß sie entweder eine
dickere Schale haben
oder daß sie nicht saf-
tig genug sind.*

FISCHSCHASCHLIK

Bambusspieße sollte man zuerst gründlich mit Wasser vollziehen lassen, damit sie beim Bratvorgang nicht verbrennen.

3 bis 4 EL Zitronensaft
3 bis 4 EL saure Sahne
1 kg von einem großen Fisch mit festem Fleisch (in 5 bis 6 cm große Stücke geschnitten)
Bambusspieße, gut gewässert

1 Zitronensaft und saure Sahne gut vermengen. Jedes Fischstück in der Sauce eindippen, dann erst auf die Spieße stecken.

2 Schaschliks werden unter ständigem Drehen etwa 5 bis 6 Minuten gegrillt. Währenddessen den Fisch häufig mit der übrigen Marinade bestreichen. Der Fisch muß goldbraun werden. Mit Salat servieren.

FÜR 4 BIS 6 PERSONEN

GEDÜNSTETE AUSTERN *mit einer* SAUCE *aus* BRUNNENKRESSE

24 Austern, in der Schale
1 bis 2 Zitronen
1 Kästchen Brunnenkresse
1 Bouquet garni
1 EL Zwiebel, fein gehackt
1 EL Karotten, fein gehackt
125 ml trockenen Weißwein
250 ml Wasser

1 Die Austern aus der Schale nehmen und mit ihrer eigenen Flüssigkeit in eine Schüssel geben.

2 Die Zitronenschale sehr sorgfältig abschälen, darauf achten, daß keine Kerne mitgenommen werden. Die Schale Julienne schneiden und 3 Minuten in kochendem Wasser blanchieren. Abtropfen lassen, in kaltem Wasser abschrecken und beiseite stellen.

3 Die Brunnenkresseblättchen abzupfen. Sehr gut waschen und dann 4 Minuten in

dem Wasser blanchieren. Gut abtropfen lassen und in einem Mixer pürieren. 160 ml Püree mit soviel Wasser verdünnen, daß die Austern eben bedeckt sind. Gut warm halten.

4 Alle anderen Zutaten in eine Pfanne geben und 5 Mintuen simmern lassen.

5 Gemüse und das Bouquet herausnehmen. Austern in die Pfanne legen und vorsichtig 2 Minuten erhitzen. Abtropfen und die Austern in die Schalen zurücklegen.

6 Die Austern auf 4 Teller verteilen und mit Sauce überziehen. Mit Zitronenstreifen garnieren.

FÜR 4 PERSONEN

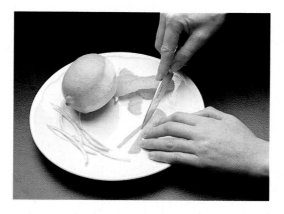

Gedünstete Austern mit einer Sauce aus Brunnenkresse

Die Zitrone in Julienne schneiden.

Die restlichen Zutaten in eine Pfanne geben und 5 Minuten simmern.

Die Austern abtropfen und in die Schalen zurückgeben.

EINE KOKOS-NUSS RASPELN

Die Kokosnuß anbohren und dann mit einem Hammer aufbrechen und die Flüssigkeit abfließen lassen. Das Fruchtfleisch ausschaben. Die Haut mit einem Gemüseschäler abheben und das weiße Fruchtfleisch im Mixer zerkleinern. In der Tiefkühltruhe aufbewahren.

GEGRILLTE KREBSE

2 große, grüne Krebsschwänze
Salz und Cayennepfeffer
Saft von 1 Zitrone
3 bis 4 EL Olivenöl
frischer Zitronenthymian und Rosmarinblätter
Brunnenkresse zum Garnieren

1 Die Krebsschwänze der Länge nach halbieren. Das Fleisch mit Salz und Cayennepfeffer würzen, dann mit Zitronensaft und Olivenöl gut einreiben. Mit ein wenig Kräutermischung bestreuen.

2 Auf einen vorgeheizten Grill legen und 15 bis 20 Minuten unter häufigem Bestreichen mit etwas Olivenöl garen lassen.

3 Wenn die Schwänze sich bräunen, auf einer Servierplatte anrichten und mit der Brunnenkresse umlegen. Mit grünem Salat und dreifach gebackenem Brot servieren.

FÜR 4 PERSONEN

ZITRONENREIS

Saft von 4 bis 5 Limetten
60 g Kokosnußfleisch, gerieben
1 EL Kurkuma
1/2 TL Salz
250 g Reis, gekocht
180 g Backfett
60 g Senfsamen
125 g Cashewnüsse, gehackt
6 grüne Chilischoten, ohne Kerne, gehackt
2 Curryblätter, gehackt
1 TL Korianderblätter, fein gehackt

GARNITUR
1 Limette, in Scheiben

1 Den Limettensaft, die Kokosnuß, den Kurkuma und das Salz zum gekochten Reis geben. Beiseite stellen.

2 Das Backfett erhitzen. Die Senfsamen braten, bis sie platzen. Cashewnüsse, Chilis und Curryblätter zugeben. 3 Minuten kochen, gut umrühren. Mit Reis und Koriander vermengen. Gut verarbeiten.

3 15 Minuten zugedeckt bei kleiner Temperatur durchkochen lassen. Mit Limettenscheiben garnieren.

HINWEIS: Um Butter zu klären, muß man sie langsam zerlassen, den Schaum abschöpfen und den Bodensatz filtern.

FÜR 6 PERSONEN

Zitronenreis

Limettensaft, Kokosnuß, Kurkuma und Salz mit gekochtem Reis mischen.

Cashewnüsse mit Curryblättern und grünen Chilischoten verarbeiten.

Gehackte Korianderblätter mit Reis mischen und langsam 15 Minuten köcheln.

GERANIENSORBET

Ein kühles Dessert, das die ideale Ergänzung zu einem würzigen Mahl darstellt.

375 g Zucker
625 ml Wasser
Saft und Schale von 6 Zitronen
4 Geranienblätter, etwas gekrüllt
1 Eiweiß
**Geranienblüte und zusätzliche Blätter
für die Dekoration**

1 Zucker, Wasser und die Zitronenschale in einem mittleren Topf aufsetzen und den Zucker bei kleiner Temperatur unter Rühren auflösen lassen. Dann Aufkochen.

2 Zerkrümelte Blätter zugeben. 6 Minuten kochen lassen, abkühlen.

3 Zitronensaft zum abgekühlten Sirup geben. Die ganze Mischung dann in einen Gefrierbehälter geben und in die Tiefkühltruhe stellen, bis sie zu gefrieren beginnt.

4 Herausnehmen und in eine Schüssel umfüllen. Die Blüten herausnehmen. Mit einem Schneebesen schlagen bis die Masse geschmeidig geworden ist, aber sie nicht wieder schmelzen lassen.

5 Das Eiweiß steif schlagen und unterziehen. In den Gefrierbecher zurückfüllen. Zudecken. Frieren lassen.

6 Das Sorbet in eisgekühlte Gläser einlöffeln. Mit Geranienblüten und -blättern dekoriert servieren.

FÜR 2 BIS 4 PERSONEN

Geraniensorbet

Um kandierte Schalen zu bekommen, muß man dünne Streifen der Schale von 2 Orangen oder Zitronen (oder je 1 von beiden) in ein Mikrowellenge-fäß zusammen mit 125 ml Wasser und 125 g Zucker geben. Temperatureinstellung HOCH. 3 Minuten ko-chen, dann einmal um-rühren und weitere 2 Minuten kochen, bis die Flüssigkeit sirup-artig geworden ist. Sirup abgießen. Die Schale zusätzlich in Einmachzucker wäl-zen. Wenn sie abge-kühlt ist, in einem luft-dichten Behälter auf-heben.

ORANGENSORBET

Ein leichtes, kühles Dessert für kalorienbewußte Genießer. Wenn Sie ein Gerät zur Herstellung von Speiseeis besitzen, handeln Sie nach den Angaben des Herstellers, um die Mischung aus diesem Rezept einzufrieren.

10 Orangen
1 EL Gelatine
2 EL Wasser
125 ml zusätzliches Wasser
Zuckerersatz, nach Wunsch
4 Eiweiß

1 Orangensaft auspressen und filtern.

2 Die Gelatine in 2 EL Wasser einwei-chen. Ein paar Minuten quellen lassen. Dann den Gelatinebehälter in warmes Was-ser stellen und diese umrühren, bis sie sich aufgelöst hat. Mit dem Orangensaft und dem zusätzlichen Wasser vermengen. Nach Wunsch süßen.

3 Mischung in eine Kuchenform geben. Halb gefrieren lassen, dann in eine Schüs-sel füllen.

4 Gut schlagen und in den Kühlschrank geben.

5 Eiweiß steif schlagen. In den Orangen-saft unterziehen. Dann die Mischung in die Tiefkühltruhe zurückgeben. Wiederum war-ten, bis alles halb gefroren ist.

6 Noch einmal in eine Schüssel geben und gut schlagen, um die Eiskristalle wie-der aufzubrechen. Wieder einfrieren. Und noch einmal mehr schlagen, wenn es ge-wünscht wird.

FÜR 10 BIS 12 PERSONEN

 ZUCKERWATTE

Um Zuckerwatte zum Garnieren Ihrer Gerichte zu er-halten, müssen Sie 60 g Einmachzucker in 60 ml Was-ser auflösen und in die Mikrowelle geben. 3 Minuten bei HOCH, bis der Sirup goldbraun wird. Die Rückseite von 2 Holzlöffeln mit Toffee überziehen. Die Löffel sich berühren lassen und dann auseinanderziehen, damit sich feine Fäden ziehen. Wenn der Toffee hart wird, ihn erneut für 20 Sekunden bei HOCH in der Mikrowel-le aufweichen lassen.

EISGEKÜHLTES ZITRONENSOUFFLÉ

375 ml Kondensmilch
2 EL Gelatine
4 EL Wasser
Saft und geriebene Schale von 4 Zitronen
Süßstoff, flüssig oder als Pulver, nach Wunsch
4 Kiwis, geschält und geschnitten

1 Kondensmilch im Kühlschrank über Nacht kühl stellen.

2 Gelatine in Wasser einbrocken. Kurz zie-hen lassen. Behälter in heißes Wasser stel-len. Rühren, bis sich die Gelatine aufgelöst hat.

3 Milch in einer großen, gekühlten Schüs-sel schaumig schlagen. Gelatine, Zitronen-schale, Zitronensaft und Süßstoff vermen-gen. Das Dessert soll nach Zitrone schmek-ken – nach Wunsch kann mehr Saft und Schale zugegeben werden.

4 In eine Servierschüssel geben. Kühl stel-len, bis das Dessert fest ist. Vor dem Ser-vieren die Kiwischeiben auf dem Sorbet nett arrangieren.

FÜR 10 BIS 12 PERSONEN

ZITRONENSORBET

4 Zitronen
500 g Zucker
1¹/₄ l Wasser

1 Zitronen abschälen und Filamente und Kerne entfernen. Das Fruchtfleisch fein hacken, mit Zucker mischen und in einen Topf geben. 2 Stunden ziehen lassen.

2 Wasser zugeben. Langsam erwärmen, da-bei ständig rühren, bis der Zucker aufge-löst ist.

3 In Gefrierbehälter geben und 1 Stunde frosten.

4 Aus der Tiefkühltruhe nehmen und 2 Mi-nuten kräftig schlagen. Umfüllen und noch einmal einfrieren.

FÜR 6 BIS 8 PERSONEN

Eisgekühltes Zitronensoufflé, Beeren mit Sahne (s. Seite 40), Orangensorbet

FRUCHTSAFT

Um soviel wie möglich aus einer Zitrone zu pressen, diese in einer Mikrowelle bei HOCH (100 %) 20 Sekunden erhitzen und dabei sicherstellen, daß sie Raumtemperatur besitzt. Vor dem Auspressen die Zitrone etwas hin und her rollen.

GRAPEFRUITS

Man kann das Fruchtfleisch einer Grapefruit sehr leicht erhalten, wenn man sie erst halbiert und das Fleisch dann mit einem Grapefruitmesser herausschneidet und mit einem Löffel herausschabt.

GLACIERTE GRAPEFRUIT

1 Orange
2 große Grapefruits, halbiert
125 g Einmachzucker
3 bis 4 EL Sherry

GARNITUR
zusätzliche Orangen- und Grapefruitfilets
geriebene Orangenschale
Minzblätter
4 Erdbeeren

1 Orangenschale sorgfältig reiben. Das Fruchtfleisch von den Grapefruits entfernen, die Haut aufheben. Orange filetieren. Fruchtfleisch von Orange und Grapefruits in Würfel schneiden.

2 Das Fruchtfleisch mit Zucker, der Orangenschale und Sherry vermengen. Die Grapefruithälften mit dieser Mischung füllen. Frosten, bis es fest wird. Mit den zusätzlichen Orangen- und Grapefruitfilets sowie der geriebenen Schale, den Minzeblättern und Erdbeerhälften garnieren.

FÜR 4 PERSONEN

Glacierte Grapefruit

ZITRONEN TARTE

1 Rezept Orangenkrustenteig
(siehe nachfolgendes Rezept)
6 Eier
180 g Zucker
Saft von 4 Zitronen
375 ml Sahne
100 g Butter oder Margarine, zerlassen
zusätzliche Sahne
1 Zitrone, geschnitten, zum Garnieren

1 Den Teig auf einer leicht bemehlten Unterlage so ausrollen, daß er in eine 25 cm Flanform paßt. Den Teig dann mit Backpapier bedecken und getrocknete Bohnen oder ungekochten Reis (man nennt dies einen Blindbackgang). 5 Minuten bei 200°C backen. Papier und Bohnen entfernen und weitere 5 Minuten backen und abkühlen lassen.

2 Eier und Zucker verschlagen, bis eine leichte, gelbe Masse entstanden ist. Zitronensaft, Sahne und Butter hinzufügen. In die Kuchenform geben.

3 Bei verhältnismäßig geringer Temperatur von 160°C 45 Minuten backen, bis die Masse fest geworden ist. Mit zusätzlicher Sahne und Zitronenscheiben garnieren.

FÜR 6 PERSONEN

ORANGEN- KRUSTENTEIG

150 g Mehl, gesiebt
60 g ungesalzene Butter, als Würfel
60 g Margarine
1 TL Orangenschale, gerieben
2 EL Orangensaft

1 Mehl in eine Schüssel geben. Butter und Margarine mit den Fingerspitzen solange unterarbeiten, bis die Masse streuselartig geworden ist. Die Orangenschale zugeben und einrühren.

2 Mit dem Orangensaft die Mehlmischung zu einem weichen Teig verarbeiten. In Folie einschlagen. 1 Stunde kühl stellen.

SCHRITT-FÜR-SCHRITT-ANLEITUNG

ZITRONENQUARK

Orangenquark kann auf dieselbe Weise gemacht werden, wie ein Zitronenquark, wenn man dafür 4 kleine oder 3 große, möglichst nicht zu süße Orangen verwendet.

4 Zitronen
180 g Butter oder Margarine
500 g Zucker
4 Eier

1 Die Schale von 3 Zitronen sehr fein reiben. Dann die Früchte halbieren, den Saft auspressen und die Kerne entfernen.

2 Butter und Zucker in einer Wasserbadschüssel verrühren, ohne sie dabei kochen zu lassen. Zitronenschale und Saft damit vermengen.

3 In einer anderen Schüssel die Eier schlagen und sie dann in die Zitronenmasse rühren. Auf eine warme Platte stellen. Weiterrühren, aber nicht aufkochen lassen, bis die Mischung weich und cremig ist.

4 Inzwischen saubere Gläser in einem Ofen erwärmen. Wenn der Quark fertig ist, in die Gläser umfüllen. Mit Wachspapierscheiben verschließen.

5 Die Oberseite der Cellophanscheiben leicht feucht machen und sie über die Gläser mit Gummibändern befestigen. Abkühlen lassen – der Quark wird eine leicht flockige Struktur erhalten. Kühl lagern und in Monatsfrist verzehren.

ERGIBT ETWA 1 KG

❧ EINKOCH-HINWEISE

Für das Umfüllen nur Gläser ohne Sprünge oder sonstige Beschädigungen verwenden.

Die Gläser nach dem Umfüllen mit sterilisierten, dicht schließenden Deckeln (etwa 5 Minuten auskochen) oder stramm befestigtem Wachs- oder Pergamentpapier, das am Glashals mit elastischen Bändern gehalten wird, verschließen.

Zitronenquark

Butter und Zucker in einer Schüssel, die in heißem Wasser steht, solange verrühren, bis die Masse geschmeidig ist.

Die sehr fein geriebene Zitronenschale und den Zitronensaft in die Mischung geben.

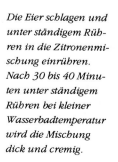

Die Eier schlagen und unter ständigem Rühren in die Zitronenmischung einrühren. Nach 30 bis 40 Minuten unter ständigem Rühren bei kleiner Wasserbadtemperatur wird die Mischung dick und cremig.

Zitronen-Kokos-Schnitten

2 Den Teig in eine Schweizer Rollen Form geben. Bei 180°C etwa 20 Minuten backen. Inzwischen den Belag vorbereiten.

3 FÜR DEN BELAG: Alle Belagzutaten miteinander vermengen. Auf den Boden auftragen, solange dieser noch warm ist. Ruhen lassen. In Stückchen schneiden.

ERGIBT 36 STÜCKCHEN

RINGE *aus* CITRUSBISQUITS

125 g Mehl
$1/4$ TL Allgewürz
150 g Butter oder Margarine
125 g Einmachzucker
1 Ei
geriebene Schale von 1 Zitrone
250 g geriebene Mandeln
125 g Semmelbrösel, frisch
1 Eidotter, geschlagen

GLASUR
370 g Puderzucker, gesiebt
2 EL Zitronensaft
60 g Orangeat oder Zitronat

1 Mehl und Allgewürz zusammensieben. Butter und Zucker verschlagen, bis die Masse leicht und schaumig ist. Das Ei und die Zitronenschale einrühren.

2 Mit Mehl, den geriebenen Mandeln und den Semmelbröseln zu einem Teig verkneten. In Folie einschlagen. 1 Stunde kalt stellen.

3 In 30 Stücke teilen und jedes Stück etwa 10 cm lang rollen. Die Enden mit Eidotter bestreichen. Zu einem Ring formen. Auf ein vorgefettetes Backblech legen. 10 bis 15 Minuten bei 200°C backen. Auf einem Drahtgestell auskühlen lassen.

4 FÜR DIE GLASUR: Puderzucker und Zitronensaft vermengen. Die Bisquits damit glasieren. Mit Zitronat und Orangeat verzieren.

ERGIBT 30 STÜCKCHEN

ZITRONEN-KOKOS-SCHNITTEN

BODEN
125 g Butter oder Margarine, Zimmertemperatur
60 g Zucker
$1/2$ TL Vanille Aroma
125 g backfertiges Mehl
60 g Kokosraspeln

BELAG
60 g Butter oder Margarine, Zimmertemperatur
3 EL Kondensmilch
Saft und abgeriebene Schale von 1 Zitrone
180 g Puderzucker
90 g Kokosraspeln

1 FÜR DEN BODEN: Butter und Zucker gut miteinander vermengen. Die restlichen Zutaten anschließend damit vermengen, bis eine homogene Masse entstanden ist.

CUP *mit* GEMISCHTEN FRÜCHTEN

1 Papaya, geschält und entkernt
2 Bananen, geschnitten
1 l Wasser
250 g Zucker
250 ml frisch gepreßten Orangensaft
125 ml frisch gepreßten Zitronensaft
Fruchtfleisch von 12 Passionsfrüchten
2 x 750 ml Flaschen Soda Wasser
Eiswürfel
10 Erdbeeren, geschnitten
1 Orange, dünn geschnitten
Minzescheiben

1 Papaya und Banane im Mixer pürieren.

2 Aus Wasser und Zucker unter ständigem Rühren 8 bis 10 Minuten kochen, bis sich der Zucker aufgelöst hat und sich ein dünner Sirup bildet. Sofort zu den Orangen- und Zitronensäften geben. Dann die pürierten Früchte und die Passionsfrüchte beifügen. Bis zum Servieren kalt stellen.

3 Vor dem Servieren Sodawasser und Eiswürfel zugeben und mit Erdbeeren, Orangenscheiben und Minzblättern garnieren.

ERGIBT 3 LITER

GRAPEFRUIT-MARMELADE

Die Gläser für die Marmelade in einem großen Topf mit kochendem Wasser sterilisieren. Mit Hilfe einer Holzzange aus dem Wasser nehmen. Abtropfen lassen, dann auf einem Backblech in den warmen Ofen schieben und vollständig trocknen lassen.

3 Grapefruits, dünn geschnitten
3 l Wasser
3 kg Zucker
1 TL Weinsteinsäure

1 Die Grapefruits mit Wasser bedecken und 12 Stunden ruhen lassen. Dann bei kleiner Hitze zugedeckt kochen, bis sie weich sind. 1 Tag stehen lassen.

2 Langsam zum Kochen bringen. Zucker einrühren sowie Cream of Tartar. Solange rühren, bis sich der Zucker aufgelöst hat.

3 Schnell aufkochen bis die Marmelade bei einem Test auf einem kalten Unterteller geliert. Noch heiß in die sterilisierten, warmen Gläser umfüllen. In kaltem Zustand verschließen.

ERGIBT 4 KG

MARMELADE

Wenn Marmelade, die beliebte Frühstücksgabe, von Citrusfrüchten gemacht wird, kommt eine längere, aber ähnliche Herstellungsmethode zur Geltung. Wie beim Jam, ist das Pektin in den Kernen und Filamenten die entscheidende Geliersubstanz. Man kann den Gelierpunkt am Besten mit einem Zuckerthermometer bestimmen. Oder aber, in dem man etwas Marmelade auf einen kalten Teller gibt. Zieht sich die Haut zusammen, sobald man sie mit dem Finger berührt, ist der Gelierpunkt erreicht.

Cup mit gemischten Früchten

Sirup zu den Fruchtsäften geben.

Pürierte Früchte zugeben.

Passionsfrüchte einrühren, kühl stellen.

BEEREN

Beeren sind eine typische Sommerfrucht und bieten sich dann in großer Vielfalt an. Am bekanntesten ist die Erdbeere, eine weiche, üppige und verführerische Frucht. Sie ist heute das ganze Jahr über erhältlich. Aus ihr lassen sich viele köstliche Desserts zubereiten. Ihr Geschmack – wie auch bei allen anderen Beeren – variiert je nach Größe und Reifezustand.

Zum Beerenangebot gehören noch: Brombeeren, Stachelbeeren, Blaubeeren, Maulbeeren, rote und schwarze Johannisbeeren, Himbeeren und Loganbeeren, eine Kreuzung aus Him- und Brombeere. Sollte man für ein Gericht unbedingt eine dieser Beerenarten benötigen, diese aber frisch nicht erhältlich sein, kann man sie tiefgefroren kaufen und problemlos besonders für Saucen und Pürees verwenden.

Bei den Erdbeeren empfehlen sich vor allem gleichmäßig gefärbte, pralle Früchte mit frischen grünen Kronenblättern. Kaufen Sie keine Körbchen mit gequetschten Früchten. Erdbeeren verderben sehr schnell, man sollte sie daher sofort verwenden, aber gut zugedeckt kann man sie auch einen oder zwei Tage im Kühlschrank lagern. Schimmelnde Früchte aber unbedingt sofort entfernen, sie stecken alle anderen an.

Beim Kauf von anderen Beeren sollte man ebenfalls nach leuchtenden, dicken Früchten Ausschau halten und keine Körbchen nehmen, die bereits mit Fruchtflecken bedeckt sind.

Himbeeren und Blaubeeren lassen sich offen einfrieren und dann in Cellophanbeuteln verpacken. Blaubeeren halten im Kühlschrank etwa 3 Wochen.

ERDBEEREN

Erdbeeren sollte man immer waschen, ebe man die Blattkronen entfernt, da andernfalls Wasser in das Innere der Frucht gelangen und den Geschmack beeinträchtigen könnte.

 BLAUBEEREN

Blaubeeren werden für Muffins, Pfannkuchen, Torten, Kuchen und Bisquits verwendet, bei Saucen und als Kompott entweder allein oder mit Äpfeln, Birnen und Quitten zusammen. Sie vertragen sich ausgezeichnet mit Gewürzen wie Zimt, Koriander, Ingwer, Muskatnuß und Kardamom. Frisch werden sie mit saurer Sahne, Hüttenkäse und Zucker zubereitet.

SALAT
mit BLAUBEEREN *und* ZIEGENKÄSE

1 kleines Baguette
50 g Butter
16 Scheiben Ziegenkäse, 1 cm dick
1 Kopfsalat, gewaschen
1 Friseesalat, gewaschen
2 Valencia Orangen, filetiert
1 Grapefruit, filetiert
150 g Erbsenschoten, blanchiert
60 g Blaubeeren
2 EL Walnußöl
2 TL weißen Essig
1 TL scharfen Senf

1 Das Baguette in 16 Scheiben à 1 cm Dicke schneiden. Jede Scheibe mit etwas Butter bestreichen, dann jeweils 1 Scheibe Käse drauflegen. Auf ein Backblech legen. Bei 200°C 15 Minuten backen. Auskühlen lassen.

2 Die Salatblätter in mundgerechte Stücke zupfen. Dann den Salat, die Citrusfilets, die Schoten und die Blaubeeren auf einer Platte anrichten. Mit getoasteten Ziegenkäsecroutons garnieren.

3 Walnußöl, Essig und Senf gut vermengen. Über den Salat träufeln.

FÜR 8 PERSONEN

SOMMERSALAT
mit HIMBEEREN *in* VINAIGRETTE

1 Mignonsalat, gewaschen und getrocknet
1 Blattsalat, gewaschen und getrocknet
1 kleine spanische Zwiebel, fein geschnitten
1 für Barbecue vorbereitetes Hühnchen, ohne Haut, in mundgerechte Stücke zerlegt
1 Mango, geschält und geschnitten
1 Papaya, geschält und geschnitten
60 g Blaubeeren
60 g Pecannüsse, halbiert, geröstet

HIMBEER-VINAIGRETTE
125 ml Olivenöl
60 g Himbeeren
1 EL weißen Weinessig
2 TL Honig
1 TL Sesamöl
1/4 TL Tabascosauce
Salz und schwarzer Pfeffer, frisch gemahlen, ganz nach Belieben

1 Alle Salatzutaten in einer Servierschüssel vermengen. Die Schüssel zudecken. Bis zur Verwendung kühl stellen.

2 FÜR DIE HIMBEER-VINAIGRETTE: Alle Zutaten in einen Mixer geben und zu einer homogenen Flüssigkeit mischen. Erst unmittelbar vor dem Servieren über den Salat gießen. Gut aufschütteln.

FÜR 4 BIS 6 PERSONEN

 **SCHWARZBEEREN**

Schwarzbeeren sind sehr nahrhaft und enthalten hohe Dosen von Calcium und Vitamin B_1. Man kann sie frisch essen, aber auch als Marmelade oder mit Tartes etc. Infolge ihrer speziellen Struktur ist der Kochvorgang nicht ganz einfach, es passiert häufig, daß man das Fruchtfleisch auspressen muß und dann den so gewonnenen Saft verwendet.

 HIMBEEREN

Himbeeren sind mit die süßesten und delikatesten von allen Beerenarten. Man kann sie frisch essen, oder als Kompott, als Kuchen, Flan, Tarte, Pfannkuchen, Marmelade oder Gelee. Himbeermus mit Sahne ist ein sehr leckeres Dressing für Fruchtdesserts.

SCHRITT-FÜR-SCHRITT-ANLEITUNG

GEEISTER SOMMERSALAT

125 g Erdbeeren, ohne Krone
1 Pfirsich, geschält, ohne Kern
1 Banane, geschält
2 TL Zucker
250 g Sahnequark
2 EL Zitronensaft
$1/_2$ TL Ingwer, gerieben
2 EL Sahne, geschlagen
30 g Haselnüsse, gehackt
Salatblätter, zerpflückt
Vinaigrette Dressing, bereits vorbereitet

1 Früchte würfeln und zuckern.

2 Sahnequark mit Zitronensaft und Ingwer verschlagen.

3 Sahne, Früchte und Nüsse unterziehen.

4 Mischung in 4 Förmchen umfüllen. 1 bis 2 Stunden frosten, bis die Mischung fest ist.

5 Die Förmchen in warmes Wasser eintauchen. Den Salat zu einem Salatbett formen und mit Vinaigrette Dressing servieren.

FÜR 4 PERSONEN

Geeister Sommersalat

Fruchtwürfel mit Zucker bestreuen.

Sahne, Nüsse und Früchte unterziehen.

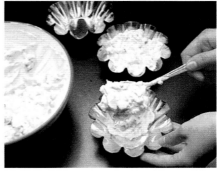

Die Mischung in Förmchen füllen.

*Klöße mit Frucht-
füllung*

3 Den Teig auf eine bemehlte Arbeitsfläche legen und ihn ganz weich kneten. Wenn nötig, Mehl nachgeben.

4 Dünn ausrollen. Kreise ausstechen (etwa 5 bis 6 cm Durchmesser).

5 **FÜR DIE FÜLLUNG:** Früchte und Zucker in einen Topf geben und aufkochen, dabei ständig rühren. Achtung: Brennt leicht an!

6 **ZUR VERVOLLSTÄNDIGUNG:** Je 1 TL Fülllung auf die Teigscheiben verteilen. Diese zusammenfalten und den Teig an den Kannten verschließen. Die Enden langziehen, um Hörnchen zu formen. Einbiegen.

7 Auf einer bemehlten Platte, Hörnchen nach unten, bis zum Kochen ablegen.

8 Einen Topf halb mit Wasser füllen und zum Kochen bringen. Jeweils 10 Knödelchen hineingeben und 5 bis 10 Minuten kochen lassen, oder bis sie aufschwimmen.

9 Mit einem großen Schaumlöffel die gekochten Klöße herausnehmen und abtropfen lassen. Mit zusätzlichen Früchten und Sahne servieren.

KLÖSSE *mit* FRUCHTFÜLLUNG

TEIG
375 g Mehl, gesiebt
4 Eidotter
500 ml warme Milch

FÜLLUNG
600 g Kirschen ohne Steine, Erdbeeren,
Blaubeeren oder Pflaumen ohne Steine,
gewaschen
250 g Zucker, oder wie angefordert

1 **FÜR DEN TEIG:** Mehl in eine große Mischschüssel geben. In der Mitte eine Kuhle machen. Eidotter und Milch verquirlen, in die Kuhle gießen.

2 Mit einem Holzlöffel nach und nach das Mehl unterziehen, bis der Teig eine Kugel bildet. Gut durchkneten. Mit einem Tuch bedecken. Dann 30 Minuten zur Seite stellen. Ruhen lassen.

HERZ *aus* CREME

375 g Hüttenkäse, Doppelrahmstufe
250 g Sahnequark
60 ml Schlagsahne, geschlagen
1 EL Puderzucker, gesiebt
Puderzucker, zusätzlich
1 Körbchen Himbeeren oder 250 g
tiefgefrorene, aufgetaut
1 Körbchen frische Erdbeeren,
zur Garnierung

1 Käse und Quark vermengen, Sahne und Puderzucker unterziehen.

2 6 Herzförmchen mit Musselin auslegen und mit der Käse-Quark-Masse füllen. Glatt streichen und über Nacht kühl stellen.

3 Auf 6 Dessertteller stürzen. Die Musseline entfernen. Mit Puderzucker bestäuben.

4 Himbeeren in einem Mixer pürieren. Wenn gewünscht, mit Puderzucker süßen. Dann diese Sauce um die Herzen verteilen und mit Erdbeeren garnieren.

FÜR 6 PERSONEN

Ein Herz aus Creme

*Man entfernt die kleine
Krone am Kopf der
Erdbeere durch
Drehen der Blätter.*

MUFFINS
mit BEEREN

375 g Mehl

1 EL Backpulver

125 g Zucker

90 g braunen Zucker

125 g Butter oder Margarine,
zerlassen

3 Eier

250 ml Milch

250 g Beeren der Saison

Puderzucker

1 Mehl und Backpulver in eine Schüssel
geben und mit dem Zucker und dem braunen Zucker vermengen.

2 Butter, Eier und Milch verrühren und
dann die trockenen Zutaten hinzufügen.

3 Die Beeren sehr vorsichtig unterziehen.
Wenn große Beeren, wie etwa Erdbeeren
darunter sind, diese vierteln oder würfeln.

4 Mit einem Löffel in eingefettete Muffin-
formen füllen. 15 bis 20 Minuten bei 200°C
backen, bis sie goldbraun sind. Sofort mit
Puderzucker bestäuben. Noch heiß mit
Butter servieren.

VERMERK: Sie brauchen sich über ungenutz-
tes Mehl keine Sorgen zu machen.

ERGIBT 20 BIS 24 PORTIONEN

BEEREN *mit* SAHNE

*Mit Beerenpüree kann
man hervorragende
Dressings zubereiten.
Ein paar Tropfen da-
von machen es zu Ih-
rer persönlichen
Vinaigrette:
Eine erfrischende
Abwechslung.*

3 Körbchen reife Erdbeeren

Zucker, nach Belieben

2 EL Gelatine

4 EL Wasser

6 Eiweiß

1 Die Beeren mit Zucker pürieren. Gelati-
ne in Wasser 5 Minuten ziehen lassen.
Dann das Gefäß mit der Gelatine in heißes
Wasser stellen, damit sie sich auflösen
kann. Anschließend die Gelatine in das
Püree einrühren.

2 Das Eiweiß steif schlagen, unter die Beeren ziehen. Nach Belieben nun nachsüßen.
Anschließend in eine Servierschüssel geben, zudecken und kühl stellen.

FÜR 10 BIS 12 PERSONEN

PUDDING
mit VIELEN BEEREN

8 Scheiben Weißbrot, Rinde entfernt

2 EL Brandy

750 g verschiedene Beeren, z.B. Erdbeeren,
Himbeeren, Blaubeeren, Maulbeeren
(siehe Vermerk)

125 g Zucker (siehe Vermerk)

2 EL Wasser

Sahne zum Servieren

1 Brot in schmale Streifen schneiden. Boden und Seiten einer 1-Liter Souffléform
mit Brot verkleiden, aber genügend Stücke
für einen Deckel zurückbehalten.

2 Etwas Brandy über das Brot am Boden
träufeln, dann die Form beiseite stellen.

3 Die Früchte mit Zucker und Wasser in
einen großen Topf geben. Bei ganz kleiner
Temperatur solange kochen, bis sich der
Zucker aufgelöst hat und die Früchte
weich, aber noch kein Mus sind (aber bereits viel Saft abgesondert haben).

4 Die Früchte auspressen. Etwas Saft zurückbehalten. 1 EL Saft über den Pudding-
boden träufeln, dann die Früchte in die
Brotform füllen, aber 60 ml Saft zurückbehalten.

5 Die Früchte nun mit dem Brot bedek-
ken, dann den restlichen Saft darübergeben.

6 Mit einer kleineren Form die Früchte
fest zusammenpressen und beschweren.
Über Nacht kühl stellen.

7 Unmittelbar vor dem Servieren die Ge-
wichte und Platten entfernen, den Inhalt
in eine Servierschüssel umfüllen. Mit Sahne servieren.

VERMERK: Wenn Früchte aus der Dose verwendet werden, deren Saft verwenden und
den Zucker um 60 g reduzieren.

FÜR 4 BIS 6 PERSONEN

 TEIGHERSTELLUNG MIT EINEM MIXER

*Wenn ein Mixer für die Teigherstellung eingesetzt wird,
bitte beachten, daß durch zuviel Rühren der Teig hart
wird. Mit Intervall arbeiten.*

Beerenflan

BODEN
180 g Mehl
2 EL Einmachzucker
125 g Butter oder Margarine, in Würfeln
1 Eidotter
1 EL Eiswasser
Reis, ungekocht

FÜLLUNG
250 g Sahnekäse, weich
125 ml saure Sahne
90 g Puderzucker
1 EL Brandy

BELAG
1 Körbchen Himbeeren
1 Körbchen Blaubeeren
zusätzlichen Puderzucker

1 FÜR DEN TEIG: Mehl und Zucker in den Mixer geben und solange rühren, bis sie gut vermengt sind. Nach und nach Butter dem Mehl zugeben. Einarbeiten, bis die Masse streuselig ist.

2 Eidotter zugeben und vermengen. Dann bei noch laufendem Mixer nur so wenig Wasser zusetzen, daß der Teig sich zu einem weichen Ball formt.

3 Den Teig auf eine bemehlte Arbeitsfläche legen und gut kneten. In Folie einschlagen. 30 Minuten ruhen lassen. Dann so ausrollen, daß eine 28 cm Form gut ausgelegt werden kann.

4 Bei 200°C für 10 Minuten mit dem Reis blindbacken. Dann Papier und Reis entfernen und weitere 5 Minuten backen, oder bis der Teig goldbraun geworden ist. Aus dem Herd nehmen und abkühlen lassen.

5 FÜR DIE FÜLLUNG: Weichen Sahnekäse und saure Sahne in den Mixer geben. Gut verrühren. Puderzucker und Brandy beifügen. Noch einmal Rühren. In eine Schüssel umfüllen. Kühl stellen.

6 FÜR DEN BELAG: Die Füllung in die Teigform geben. Dann die Beeren auf der Füllung ausbreiten. Mit dem zusätzlichen Puderzucker bestäuben. Kalt stellen.

FÜR 12 PERSONEN

BLINDBACKEN

Den Teig mit Backpapier und trockenen Bohnen oder ungekochtem Reis bedecken. 10 Minuten bei 200°C backen. Dann Papier und Bohnen entfernen. Weitere 5 Minuten backen. Abkühlen lassen.

Beerenflan

STEINOBST

Mit dem Sommer kommen auch all die betörenden Düfte, die für unser Steinobst typisch sind und uns das Wasser im Munde zusammenlaufen lassen: Kirschen, Pfirsiche, Nektarinen, Aprikosen, Pflaumen und Loquats. Früchte – die sich einerlei, ob roh oder gekocht – harmonisch in die sommerlichen Gerichte einfügen.

Beim Kauf von Kirschen auf unbeschädigte, pralle, leuchtende Früchte achten. Sie halten sich tagelang im Kühlschrank.

Pfirsiche gibt es mit gelbem und weißem Fruchtfleisch, das, je nach Sorte, an den Steinen anhängen kann oder nicht. Gegrillt, gekocht oder als Belag auf Tartes, sie sind einfach köstlich. Auch hier wieder: feste Früchte kaufen. Im Kühlschrank etwa eine Woche haltbar.

Pflaumen kommen ebenfalls in vielen Variationen auf den Markt. Sie eignen sich hervorragend als Püree, gekocht, in Marmeladen, Sorbets, für Eiscreme und in Saucen für Schweinefleisch, Enten oder Gänse. Wie bei Nektarinen und Aprikosen gilt auch hier die Regel: Keine zu weichen Früchte kaufen.

SCHWEINEBRATEN *mit* KIRSCHSAUCE

3 bis 4 kg Schweinelende
500 ml kochendes Wasser
2 EL Öl
1 EL grobes Salz
6 Knoblauchzehen
12 kleine Lorbeerblätter

KIRSCHSAUCE
60 g entsteinte Kirschen
60 ml Maissirup
2 EL Essig
Salz und frisch gemahlenen Pfeffer,
nach Geschmack
1 Prise Muskatnuß
1 Prise Zimt
1 Prise gemahlene Nelken

1 Die Schwarte in 1,5 cm große Streifen einritzen. Den Schweinebraten dann, Schwarte nach unten, in eine Reine legen. Kochendes Wasser zugeben. Bei 200°C etwa 15 Minuten backen. Reine herausnehmen. Den Bratensaft abgießen, aber zum Bestreichen aufheben.

2 Öl in die Reine geben. Schwarte mit Salz einreiben. Nelken und Lorbeerblätter in die Einschnitte stecken. Das Fleisch dann, Schwarte nach oben, zwischen 3 und $3\frac{1}{2}$ Stunden bei 190°C braten. Mit der abgenommenen Flüssigkeit alle 30 Minuten bestreichen.

3 Sobald es gar ist, aus der Reine nehmen. Zudecken und etwa 20 Minuten vor dem Zerschneiden ruhen lassen.

4 DIE ZUBEREITUNG VON KIRSCHSAUCE: Alle Saucenzutaten in einem Topf vermengen. Aufkochen, dann 3 Minuten köcheln oder bis sie gleichmäßig erhitzt ist.

5 Fleisch schneiden. Die Scheiben mit Kirschsauce servieren.

FÜR 12 PERSONEN

Kirschsuppe

KIRSCHSUPPE

500 g reife Kirschen, ohne Steine
750 ml Wasser
125 ml Zucker
80 ml Zitronensaft
frische Minze oder Petersilie zum Garnieren
Joghurt (auf Wunsch)

 **ENTKERNEN
VON KIRSCHEN**

Um Kirschen zu entkernen benützt man am besten ein Spießchen oder einen Kirschentkerner.

1 Kirschen, Wasser, Zucker und Zitronensaft zum Kochen bringen. 10 Minuten köcheln. Abkühlen lassen.

2 In einem Mixer zu Püree verarbeiten. Gut kühlen.

3 Mit Minze oder Petersilie garniert servieren und, wer es mag, mit 1 TL Joghurt dazu.

BEMERKUNG: Dieses Rezept läßt sich ebenso über zerstoßenem Eis servieren.

FÜR 6 PERSONEN

ENTENBRUST *mit* APRIKOSENSAUCE

Fond und Sauce können bereits vorbereitet werden, und die Ente ist kalt wie warm servierbar.

1 Ente (3 kg)
1 Lorbeerblatt
einige Sellerieblätter
10 schwarze Pfefferkörner
einige Petersilienzweige
1 kleine Zwiebel, geschält und geschnitten
3 EL Weißwein
Senfkresse oder Brunnenkresse für die Garnitur

APRIKOSENSAUCE
90 g getrocknete Aprikosen
Salz und frisch gemahlener Pfeffer nach Geschmack
Saft von 1/2 Zitrone
1 EL Brandy

1 Flügel und Beine an den Gelenken abschneiden. Flügelspitzen entfernen. Flügel und Beine aufheben.

2 Die Brust als ganzes Stück vom Brustkorb lösen. Flügelspitzen und Karkasse in einen Topf geben. Mit Wasser bedecken und aufkochen. Schaum abschöpfen. Lorbeerblatt, Sellerieblätter, Pfefferkörner, Petersilie, Zwiebel und Wein zugeben. Dann halb zugedeckt 1 bis 1 1/2 Stunden köcheln.

3 ZUBEREITUNG DER APRIKOSENSAUCE:
Fond durchseihen und 500 ml davon als Reserve wegnehmen. Die Aprikosen im Fond 1 bis 2 Stunden ziehen lassen.

4 Aprikosen garen. In einem Mixer pürieren. Gewürze und Zitronensaft beifügen.

5 Brandy einrühren. Sollte die Sauce zu dick sein, mit etwas Fond verdünnen.

6 Die Entenbrust mit einem Spieß einstechen. Leicht salzen. In eine Pfanne geben. Für 10 Minuten bei 190°C braten. Hitze auf 180°C zurücknehmen. Weitere 20 Minuten garen oder bis das Fleisch weich ist.

7 Brust entfernen. Auf Raumtemperatur abkühlen lassen. Sorgfältig die Haut entfernen und das Fleisch aufschneiden.

8 85 ml Sauce auf 4 Teller geben. Entenscheiben sich überlappend, Haut oben, darauf arrangieren. Mit Senfkresse oder Brunnenkresse garnieren. Übrige Sauce getrennt servieren.

FÜR 4 PERSONEN

HUHN *mit* PFLAUMEN- *und* LYCHEESAUCE

1 Huhn (1,5 kg), in mundgerechte Stücke zerteilt
125 ml chinesische Pflaumensauce
1 Knoblauchzehe, gepreßt
1 EL Sojasauce
1 TL Ingwer, gehackt
1/4 TL Chilisauce
1 EL ÖL
225 g Lychees aus der Dose, abgetropft, davon 60 ml aufheben
60 ml Wasserkastanien
30 g Bambussprossen, geschnitten
2 EL Maismehl
1 TL Sesamöl

1 Die Haut von den Hühnerteilen entfernen. 2 Stunden mit Pflaumensauce, Knoblauch, Sojasauce, Ingwer und Chilisauce marinieren. Dann abtropfen. Die Flüssigkeit aufheben.

2 Öl in den Wok geben. Erwärmen und die Hühnerteile unter Rühren erhitzen. Zudecken und 5 Minuten köcheln.

3 Marinade zugeben, zudecken und weitere 5 Minuten garen. Lychees, Wasserkastanien und Bambussprößlinge zugeben. Unter Rühren 1 bis 2 Minuten garen.

4 Den zurückgestellten Lycheesaft mit dem Maismehl im Wok verrühren. Erst aufkochen, dann 3 Minuten köcheln. Sesamöl einrühren. Mit dampfendem Reis servieren.

FÜR 6 PERSONEN

WIE MAN COULIS MACHT

Coulis werden mit 250 g Früchte ihrer Wahl zusammen mit 1 EL Orangensaft oder einem Likör ihrer Wahl (z.B. Grand Marnier, Brandy etc.) in einem Mixer hergestellt. Solange mixen, bis eine weiche Masse entstanden ist. Mit süßen oder pikanten Gerichten, oder ganz einfach nur über Eiscreme servieren.

WENN KEINE FRISCHEN FRÜCHTE ERHÄLTLICH SIND

In diesem Fall kann man tiefgefrorene Früchte oder solche aus der Dose verwenden.

*Man führt ein Messer
um den Kern herum
und bricht sie dann
auseinander. Stein
entnehmen.*

PFLAUMENFLAN

BODEN
180 g Mehl
90 g Butter, in Würfeln
1 Eidotter
etwas Milch

FÜLLUNG
3 Eidotter
300 ml Joghurt
90 g Honig
$1/2$ TL Zimtpuder
500 g kleine Pflaumen, halbiert
und ohne Steine
90 g Mandeln, blanchiert
1 EL braunen Zucker

1 ZUBEREITUNG DES BODENS: Mehl in eine Schüssel sieben. Butter einarbeiten. Eidotter und hinreichend Milch zugeben, um einen festen Teig zu erhalten.

2 Ausrollen, um damit eine 20 cm Form auslegen zu können. Ein paar Mal mit der Gabel einstechen.

3 ZUBEREITUNG DER FÜLLUNG: Eidotter mit Joghurt, Honig und Zimt verschlagen. In den Boden einfüllen.

4 Die Pflaumen, Schnittseite nach unten, auf die Joghurtmasse legen. 35 bis 40 Minuten bei 200°C backen, oder bis die Masse fest ist.

5 Mit Nüssen und braunem Zucker bestreuen, dann unter dem heißen Grill karamelisieren lassen.

FÜR 6 PERSONEN

*Wenn Früchte im Kühl-
schrank aufgehoben
werden, muß man sie
etwa 30 Minuten vor
dem Servieren heraus-
nehmen, um sicherzu-
stellen, daß ihr Aroma
voll zur Geltung
kommt.*

SOMMER FRÜCHTE *mit* SAURER SAHNE

6 Pfirsiche, Pflaumen, Aprikosen, Nektarinen
oder eine Kombination daraus,
abgeschält, halbiert und entsteint
2 TL groben Zucker
60 ml Grand Marnier
300 ml saure Sahne
90 g braunen Zucker
30 g Mandelblättchen, geröstet

1 Die Früchte mit der Schnittseite nach oben in eine feuerfeste Form geben. Mit Zucker bestreuen.

2 Grand Marnier darüberträufeln. Mit Folie abdecken. Für ein paar Stunden oder über Nacht kühl stellen.

3 2 bis 3 Stunden vor dem Servieren aus dem Kühlschrank nehmen, nach dieser Zeit mit saurer Sahne bedecken und mit braunem Zucker bestreuen.

4 Unter einem heißen Grill den Zucker karamelisieren. Mit Mandeln bedecken. Sofort servieren.

FÜR 6 PERSONEN

RUBY CLAFOUTIS

750 g Pflaumen
60 g Mehl
125 g Zucker
4 Eier
250 ml Milch
2 EL Brandy
2 EL gemahlene Mandeln
zusätzlichen Zucker
Sahne zum Servieren

1 Die Pflaumen in einen großen Topf mit kochendem Wasser geben. 2 bis 3 Minuten köcheln bis sie eben weich werden. Abtropfen. In kaltem Wasser abschrecken. Abkühlen.

2 Pflaumen halbieren. Steine und Stiele entfernen. In eine mit Butter ausgeriebene feuerfeste Form geben. Zucker und Mehl in einer anderen Schüssel vermengen. Die Eier, eins nach dem anderen, einschlagen. Die Hälfte der Milch beifügen. 5 Minuten fest schlagen. Dann die restliche Milch und den Brandy einrühren.

3 Die Mischung über die Pflaumen geben und mit den Mandeln bestreuen. 40 bis 45 Minuten bei 180°C backen. Mit zusätzlichem Zucker bestreuen und heiß mit Sahne servieren.

BEMERKUNG: Man kann statt der Pflaumen auch Aprikosen verwenden.

FÜR 4 PERSONEN

FRISCHE FRÜCHTE *auf* MÜRBETEIG

125 g Butter oder Margarine
60 g Zucker
4 Eidotter
180 g Mehl, gesiebt

BELAG
625 ml Sahne
250 g Früchte (Pfirsiche, Nektarinen, Pflaumen, Aprikosen), zerkleinert
2 Nektarinen, halbiert, ohne Steine und fein geschnitten

1 Butter und Zucker schaumig rühren und die Eidotter nach und nach einrühren. Mehl zugeben und alles gut verarbeiten.

2 Den Teig auf einer bemehlten Fläche gut durchkneten. In eine eingefettete Pizzaform geben und dort mit Hilfe der Finger einpassen.

3 Etwa 20 bis 25 Minuten bei 180°C oder bis der Teig angebräunt ist, blindbacken (siehe Rezept für Birnen Tarte mit Frangipanicreme, Seite 14). Aus dem Ofen nehmen. Nach dem Auskühlen vorsichtig auf eine Servierplatte heben.

4 HERSTELLUNG DES BELAGS: Sahne und Früchte vermengen. Auf den Mürbeteig geben. Nektarinenscheiben, Schale nach oben, auf der Cremeschicht anrichten. Kühlen und servieren.

FÜR 10 BIS 12 PERSONEN

Der Mürbeteig kann bereits bis zu 2 Tagen früher hergestellt und in einem geschlossenen Behälter aufgehoben werden.

rühren, bis sie sich ganz aufgelöst hat. In die Pfirsichmischung verrühren.

4 In die einzelnen Schokoladenformen füllen. Etwa 2 Stunden kühl stellen, dann servieren. Mit Minzezweigen garnieren.

FÜR 4 PERSONEN

GEFRORENE TERRINE *aus* PFIRSICHEN *und* PFLAUMEN

500 g Pfirsiche, geschält und entsteint
125 ml Orangensaft
60 g groben Zucker
Schale und Saft von 1 Zitrone
500 g Pflaumen, geschält und entsteint
125 ml zusätzlichen Orangensaft
60 g zusätzlichen groben Zucker
2 EL Portwein
Minzezweige für die Garnitur

1 Pfirsiche, Orangensaft, Zucker, Zitronenschale und -saft in einen Mixer geben. Fein pürieren. In eine Form für Schweizer Brötchen geben und einfrieren.

2 Dasselbe mit den restlichen Zutaten wiederholen. Einfrieren.

3 Sobald beide Pürees vereisen, aber noch kein fester Eisblock sind, die Hälfte der Pfirsichmischung in eine mit Folie ausgelegte Backform geben. Oberfläche glatt streichen.

4 Mit der Hälfte der Pflaumenmischung bedecken. Mit den restlichen Mischungen wiederholen, bis 4 Lagen entstanden sind. Oberfläche mit Folie abdecken. Über Nacht einfrieren.

5 Folie von den Formen entfernen. Die Terrine auf eine Servierplatte stürzen. Restliche Folie entfernen.

6 Zum Servieren mit einem warmen Messer in 1 cm dicke Scheiben schneiden. Mit Pfirsichscheiben, Pflaumen und Minzezweigen garnieren.

FÜR 8 PERSONEN

Schokoladenschalen mit Pfirsichen

SCHOKOLADEN-SCHALEN *mit* PFIRSICHEN

300 g geschmolzene dunkle Couvertüre
6 Pfirsiche, geschält, entsteint und grob gehackt
Saft von 1 großen Limette
160 ml Joghurt
1 TL Gelatine
2 TL kaltes Wasser
4 Minzezweige für die Garnitur

🍫 **WIE MAN SCHO-KOLADE SCHMILZT**

Schokolade schmilzt am besten in einer dafür geeigneten Schale in der Mikrowelle bei MEDIUM (50 %). Gelegentlich umrühren.

1 Die einzelnen Tarteförmchen, etwa 4 x 10 cm groß, leicht einölen. Jeweils 2 EL geschmolzene Couvertüre auf den Boden der Förmchen geben. Mit einem Backpinsel die Couvertüre gleichmäßig über Boden und Seiten der Formen verteilen.

2 Im Kühlschrank fest werden lassen. Mit Schokolade die zu dünnen Stellen nachbessern. Wenn die Masse fest ist, vorsichtig aus den Formen herausnehmen. Dabei auf die Ränder achten. Nicht beschädigen.

3 Pfirsiche, Limettensaft und Joghurt in einem Mixer pürieren. Gelatine in kaltem Wasser auflösen. Im Wasserbad solange

FRUCHTIGE BRANDYBECHER

*Brandybecher kann man Tage im voraus herstel-
len und in einem luftdichten Behälter lagern.*

FRUCHTIGE BRANDYBECHER
60 g Butter oder Margarine
45 g braunen Zucker
90 g goldenen Sirup
30 g Mehl
1/2 TL gemahlenen Ingwer
1 TL Zitronensaft
1/2 TL Vanillearoma

FÜLLUNG
1 EL Rum (siehe Anmerkung)
200 g Mascarpone (siehe Anmerkung)
entsteinte und geschnittene Früchte
nach Wahl

1 HERSTELLUNG DER BRANDYBECHER: Butter,
Zucker und Sirup in einen kleinen Topf geben. Langsam erhitzen, bis die Butter ge-
schmolzen ist und der Zucker sich aufgelöst hat. Abkühlen.

2 Mehl und Ingwer zusammensieben, mit
dem Zitronensaft und dem Vanillearoma in
die Buttermischung einrühren.

3 Mischung teelöffelweise auf gefettete Ble-
che geben. Dazwischen genügend Platz
zum Ausbreiten lassen.

4 Etwa 5 Minuten, oder bis sie goldbraun
sind, bei 180°C backen. Auf den Blechen
etwa 1 Minute abkühlen lassen.

5 Mit einem Spatel von den Blechen abheben und mit den Fingern über ein eingefettetes, umgedrehtes Glas zu Bechern formen. Ganz auskühlen lassen. Mit der restlichen Mischung in der Weise fortfahren.

6 FÜLLUNG ZUBEREITEN: Rum und Mascarpone vermischen. In die Becher löffeln. Mit
Früchten kurz vor dem Servieren auffüllen.

BEMERKUNG: Man kann auch andere Liköre
verwenden, um den Mascarpone zu aromatisieren. Mascarpone ist ein italienischer
Weichkäse, in allen Supermärkten erhältlich.

FÜR 12 PERSONEN

SCHWARZWÄLDER TORTE

TEIG
250 g Mehl
625 ml Milch
2 Eier
30 g Butter oder Margarine

FÜLLUNG
440 g entsteinte schwarze Kirschen
aus der Dose
60 ml Orangenlikör
2 EL Zucker
2 EL Maismehl
250 ml Sahne, geschlagen
2 EL Mandelblättchen, geröstet

1 DIE ZUBEREITUNG VON CREPES: Mehl in
eine Schüssel sieben. Mit Milch und Eiern
zu einem weichen Teig verarbeiten.

2 Crepepfanne mit Butter einreiben. 60
ml Crepeteig in die Pfanne geben. Den
Teig in der Pfanne sich ausbreiten lassen.
Überflüssigen Teig abschöpfen. Etwa 1
oder 2 Minuten von jeder Seite backen.

3 Fortfahren, bis zwischen 15 und 20 Crepes fertig sind. Zwischen Papierlagen legen. Abkühlen lassen.

4 FÜLLUNG ZUBEREITEN: Kirschen mit eige-
nem Saft, Likör, Zucker und Maismehl in einen Topf geben. Aufkochen und umrühren. Die Masse muß eindicken. Abkühlen.

5 Füllung dann zwischen die Crepelagen
streichen und diese zu einem Turm bauen.

6 Außenseite der Crepes mit der Creme bestreichen. Oberfläche mit Sahnerosetten
verzieren. Seiten mit gerösteten Mandeln
garnieren. Bis zum Servieren kühl lagern.
Als Tortenstücke anbieten.

7 Um Mandeln zu rösten, diese in eine
trockene Bratpfanne geben. Unter leichtem
Schütteln bei geringer Hitze goldbraun werden lassen. Aus der Pfanne nehmen. Abkühlen.

FÜR 10 BIS 12 PERSONEN

*Pfirsiche lassen
sich gut abschälen,
wenn man sie 30 Se-
kunden bis 1 Minute
in kochendes Wasser
taucht. Dann sofort in
kaltes Wasser geben.
Die Haut läßt sich jetzt
leicht lösen. Aprikosen
und Pflaumen kann
man auf dieselbe Art
behandeln.*

CREMEFÜLLUNG

*Sie sollte die Konsistenz
einer Creme besitzen,
die man einfließen las-
sen kann. Um dies zu
erreichen mehr Flüssig-
keit zugeben, als not-
wendig ist.*

WIE MAN ZUCKERSIRUP HERSTELLT

120 g Zucker mit 60 ml Wasser erhitzen, dabei rühren, bis sich der Zucker aufgelöst hat. Aufkochen und dann für 2 bis 3 Minuten köcheln.

PFIRSICH MOUSSE

2 reife Pfirsiche
1 EL Zitronensaft
Mandel- oder Orangenlikör (nach Wunsch)
125 ml Sahne, gekühlt
2 Eiweiß
60 g Zucker
Amarettobisquits zum Garnieren

1 Pfirsiche in kochendem Wasser 30 Sekunden blanchieren. Herausnehmen und in kaltes Wasser legen, schälen und schneiden. Mit Zitronensaft und Likör pürieren.

2 Sahne schlagen, bis sie steif ist. Kühlen. Eiweiß steif schlagen, Zucker nach und nach beigeben.

3 Schlagsahne und Meringuenmischung in das Pfirsichpüree unterziehen.

4 Die Mousse in Dessertschalen oder Gläser füllen. 1 Stunde gefrieren, dann für 2 Stunden in den Kühlschrank stellen. Kalt, aber nicht hartgefroren, servieren, mit Amarettobisquits garnieren.

FÜR 6 PERSONEN

SCHEIBEN *von* PFIRSICHEN *und* DATTELN

180 g Mehl
1 TL Backpulver
150 g braunen Zucker
425 g Pfirsichscheiben aus der Dose, abgetropft und grob gehackt
90 g Datteln, fein gehackt
60 g Kokosraspeln
60 g Haselnüsse, fein gehackt
180 g Butter oder Margarine, zerlassen

1 Mehl und Backpulver in eine Schüssel sieben. Zucker, Pfirsichscheiben, Datteln, Kokosraspeln und Haselnüsse beifügen. Mit Butter vermischen. In eine eingefettete Form geben.

2 25 Minuten bei 190°C backen. In der Form abkühlen lassen, dann teilen. In einem luftdichten Behälter aufheben.

ERGIBT 24 STÜCKCHEN

GEDÜNSTETE PFIRSICHE

4 Pfirsiche
30 g Kokosraspeln
30 g Mandeln, gerieben
1 Eidotter
1/2 TL fein geriebene Orangenschale
30 g Butter oder Margarine
250 ml Weißwein
1 Zimtstange

1 Pfirsiche 30 Sekunden in kochendem Wasser blanchieren und abtropfen. Mit kaltem Wasser bedecken. Abschälen und Kerne entfernen.

2 Pfirsiche, Schnittseite nach oben, in eine feuerfeste Schale geben. Kokosraspeln, Mandeln, Eidotter und Orangenschale miteinander vermengen. In die Spalten zwischen die Pfirsiche füllen. Butterflocken aufsetzen.

3 Wein und die Zimtstange zugeben. Dann, zugedeckt, 20 Minuten bei 180°C backen oder bis die Pfirsiche weich sind. Die Zimtstange wieder entfernen. Warm servieren.

FÜR 4 BIS 8 PERSONEN

FRÜCHTE *in* HONIG

2 kg Steinfrüchte (Pflaumen, Kirschen, Aprikosen und Pfirsiche)
2 EL Honig
600 ml Rosé Wein

1 Die Früchte vorbereiten. Je nach Art, schneiden oder halbieren. Die Früchte in einer großen Glasschale arrangieren.

2 Honig in den Wein rühren. Über die Früchte geben. Über Nacht in den Kühlschrank stellen. Mit Joghurt oder Sahne servieren.

FÜR 12 PERSONEN

PFIRSICHEIS *mit* FRISCHEN PFIRSICHEN

3 große Pfirsiche
375 ml Sahne
1 EL Grand Marnier
125 g Zucker
60 ml Zuckersirup (siehe Anmerkung)
1 EL Pistazien, gehackt

1 Einen Pfirsich in einer Schüssel mit kochendem Wasser übergießen. 1 Minute stehen lassen und abtropfen. In kaltes Wasser geben, dann Stein und Schale entfernen. So zerdrücken, daß es 125 ml ergibt.

2 Pfirsichfleisch mit Sahne, 2 TL Grand Marnier und Zucker vermengen. Dann pürieren. Der Zucker muß aufgelöst sein. Inhalt in einen Eisbehälter füllen oder in eine Eisschale.

3 Frieren, bis sich die Konsistenz von Speiseeis ergibt. Wird dabei eine Eisschale verwendet, die Würfel halbgefroren herausnehmen. Einwickeln, damit sich keine Eiskristalle bilden.

4 Wird eine Eismaschine verwendet, das Eis herausnehmen und in einem geschlossenen Behälter in der Kühltruhe aufheben.

5 Unmittelbar vor dem Servieren, die restlichen Pfirsiche abschälen (wie beschrieben) und jeweils in 8 Teile schneiden. In eine Schüssel geben. Mit Zuckersirup und dem restlichen Grand Marnier marinieren. Gut zudecken, damit sich die Früchte nicht verfärben.

6 Jeweils 2 Eiskugeln in eine Schale geben. Mit Fruchtscheiben garnieren und mit Pistazien bestreuen. Mit Löffelbisquits servieren.

BEMERKUNG: Für die Herstellung von Zuckersirup etwa 2 bis 3 Minuten 1 Teil Wasser mit 2 Teilen Zucker aufkochen.

FÜR 4 BIS 6 PERSONEN

Pfirsicheis mit frischen Pfirsichen

SCHRITT-FÜR-SCHRITT-ANLEITUNG

PFLAUMEN MARMELADE

2 kg rote Pflaumen
625 ml Wasser
2 kg Zucker

1 Pflaumen in Stücke schneiden, Steine entfernen und diese aufheben. Früchte und Wasser in einen großen Topf geben und langsam köcheln, bis die Pflaumen weich sind.

2 Inzwischen einige der Pflaumensteine aufbrechen, die Fruchtkerne entnehmen und in kochendem Wasser blanchieren und abschälen. Diese geschälten Kerne zu den Früchten geben.

3 Topf vom Herd nehmen. Zucker zugeben und solange rühren, bis er ganz aufgelöst ist. Topf wieder auf den Herd stellen. Unter ständigem Rühren kräftig aufkochen, dabei den Schaum entfernen, bis die Pflaumen fertig sind (siehe Zitronenmarmelade) oder die Temperatur auf dem Zuckerthermometer 105°C anzeigt.

4 Hitze ausstellen und 10 Minuten stehen lassen, dann in die Gläser füllen. Gut auskühlen lassen, dann erst die Gläser verschließen.

ERGIBT 3 KG

Pflaumen in Stücke schneiden, Steine entfernen.

Köcheln, bis die Pflaumen weich sind.

Topf vom Herd nehmen und Zucker beifügen. Solange rühren, bis er aufgelöst ist. Erneut aufkochen.

KIRSCHEN *in* BRANDY

375 g Zucker
250 ml Wasser
eine Spirale Orangen- oder Zitronenschale
1,5 kg Kirschen, entsteint
Brandy
5 Nelken
2,5 cm Zimtstange

1 Zucker, Wasser und Schale in einen Topf geben. Unter Rühren aufkochen, bis der Zucker gelöst ist. Hitze reduzieren und 10 Minuten köcheln. Nicht umrühren.

2 Kirschen zugeben. Weitere 5 Minuten köcheln, Sirup aufheben. Kirschen in saubere Gläser umfüllen. Diese halb mit Brandy auffüllen. Nelken und Zimt zugeben und die Gläser mit Sirup füllen.

3 Gläser verschließen. Etikettieren. Vor dem Gebrauch an einem kühlen Platz 1 Monat lagern. Gesamte Lagerfähigkeit beträgt 12 Monate.

BEMERKUNG: Es können ebenso andere Steinfrüchte verwendet werden. Häuten, halbieren und entsteinen. Dann verwenden.

ERGIBT 1,5 KG

PFLAUMENBUTTER

1 kg Pflaumen
Zucker
1 TL gemahlenen Zimt

1 Pflaumen knapp mit Wasser bedecken. Zugedeckt langsam kochen, bis sie gar sind. Durch ein Sieb passieren, Steine entfernen.

2 Bei der Püreezubereitung für je 500 g Pflaumen 500 g Zucker verwenden. Langsam umrühren und dabei erhitzen, bis der Zucker sich gelöst hat.

3 Zimt zugeben. 45 Minuten kochen, bis ein quer durch den Topf gezogener Löffel eine klare Linie hinterläßt. In warme, sterilisierte Gläser umfüllen und versiegeln.

ERGIBT 3 GLÄSER

APRIKOSEN CHUTNEY

1 kg Aprikosen, halbiert und entsteint
300 g braunen Zucker
2 Zwiebeln, dünn geschnitten
125 g Sultaninen
1 EL Salz
1 TL Koriandersamen
$\frac{1}{2}$ TL gemahlenen Ingwer
250 ml Weißweinessig

1 Alle Zutaten zusammen etwa 15 bis 20 Minuten köcheln, bis die Aprikosen weich sind. Aprikosen in warme, sterilisierte Gläser umfüllen.

2 Restliches Chutney kochen, bis es dick und sirupartig ist. Über die Aprikosen geben. Versiegeln.

BEMERKUNG: Man kann auch Pfirsiche statt der Aprikosen verwenden.

ERGIBT 4 GLÄSER

PFIRSICH CHUTNEY

5 kg Pfirsiche, gehäutet, halbiert, ohne Steine
1,25 kg Zucker
4 EL Salz
30 g Allgewürz
30 g Nelken
3 Knoblauchzehen, geschält und gehackt
15 g gemahlene Pfefferkörner
2 x 750 ml Flaschen weißen Weinessig

1 Alle Zutaten etwa 3 Stunden kochen und eindicken lassen. In warme, sterilisierte Gläser geben. Versiegeln.

BEMERKUNG: Statt Pfirsiche können Pflaumen verwendet werden.

ERGIBT 10 GLÄSER

REBEN-FRÜCHTE

Hierzu gehören Trauben, die Passionsfrucht und auch die Kiwi. Melonen fallen zwar ebenfalls in diese Kategorie, aber für sie wurde ein eigenes Kapitel geschaffen.

Trauben – seit Jahrtausenden kultiviert, hauptsächlich zur Weingewinnung – werden heutzutage, wenn sie zum Verzehr bestimmt sind, in eigenen Arten gezogen. Sie werden zu Käse gereicht, zu Desserts oder als Abrundung zu bestimmten Gerichten mit Meeresfrüchten, mit Huhn oder in Salaten. Außerdem geben sie eine hervorragende Garnierung ab. Man sollte sie daher sehr sorgfältig behandeln.

Die Kiwifrucht verbirgt unter ihrer unscheinbaren braunen Schale ein brilliantes, leuchtendes Fruchtfleisch. Sie ist nicht nur hervorragend als Garnierung zu verwenden, ihr Püree wird auch außerordentlich bei der Zubereitung von Mousses, Eiscremes, Sorbets und Marmeladen geschätzt.

Die Passionsfrucht, deren leuchtende Blüten heute in vielen Gärten duften, hat einen ganz eigentümlichen süß-sauren Geschmack. Bei dieser Frucht kann man auch die Samenkerne essen! Die Früchte werden zum Garnieren, für Marmeladen, Drinks oder Eis verwandt.

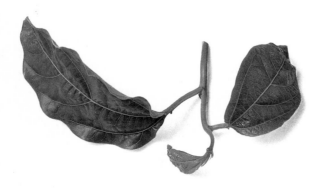

BEMERKUNG

Man kann jeden blauen Käse statt Roquefortkäse verwenden.

TRUTHAHN- *und* ROQUEFORTSALAT *mit* PREISELBEER-DRESSING

300 g gekochten und gewürfelten Truthahn

30 g zerpflückten Salat

60 g Selleriewürfel

60 g Trauben ohne Kerne

60 g Pecannüsse, geröstet und zerkleinert

45 g Roquefortkäse, zerkrümelt (siehe Bemerkung)

PREISELBEER-DRESSING

250 g Preiselbeersauce

60 ml dunkle Sojasauce

1 kleine Knoblauchzehe, gepreßt

2 EL Zitronensaft

2 EL Sherry

1 EL Pflanzenöl

1 Truthahn, Salat, Sellerie, Trauben und Pecans mischen. In eine flache Servierschale geben. Roquefortkäse darüber streuen.

Truthahn- und Roquefortsalat mit Preiselbeer-Dressing

2 ZUBEREITUNG VON PREISELBEER-DRESSING: Alle Zutaten in einen kleinen Topf geben. Gut durchkochen. In einer Sauciere servieren.

FÜR 6 PERSONEN

KIWI- *und* CASHEWSALAT

einige Salatblätter

4 Kiwis, gehäutet und geschnitten

2 Orangen, filetiert

6 Radieschen, dünn geschnitten

100 g Pilze, geschnitten

1 kleine Gurke, geschnitten

2 Selleriestangen, geschnitten

30 g Cashewkerne

Weinessig Dressing nach Geschmack

1 Salatblätter zerrupfen. Alle Zutaten in einer Salatschüssel aufschütteln, mit Nüssen und Weinessig Dressing abschmecken.

FÜR 4 PERSONEN

HÜHNERLEBER VERONIKA

750 g Hühnerleber
gewürztes Mehl (siehe Bemerkung)
2 EL gehackte Schalotten
60 g Butter oder Margarine
3 EL Weißwein
3 EL Hühnerfond
1 EL Fruchtsaft
180 g Trauben ohne Kerne
4 bis 6 TL saure Sahne
fein gehackte Petersilie für die Garnierung

1 Hühnerleber abspülen und trockentupfen. Mit gewürztem Mehl bestäuben. Überschüssiges Mehl abklopfen.

2 Schalotten und Leber in Butter etwa 6 bis 8 Minuten bei mittlerer Hitze sautieren. Weißwein, Fond und Fruchtsaft zugeben. Aufkochen.

3 Trauben beifügen. Hitze reduzieren und zugedeckt 3 Minuten garen.

4 Saure Sahne einrühren. Langsam wieder erhitzen. Mit fein gehackter Petersilie bestreuen und servieren.

FÜR 6 PERSONEN

RINDFLEISCH KASSEROLLE *mit* KIWIS

1 kg Rindersteak
2 bis 3 Kiwis, gehäutet und in Scheiben
1 EL Öl
1 Zwiebel, geschnitten
1 roter spanischer Pfeffer, in Scheiben
1 EL Mehl
250 ml Rindfleischfond
1 EL Sojasauce
1 EL französischen Senf
frisch gemahlener Pfeffer nach Geschmack

1 Das Fleisch mit einigen Kiwischeiben gut einreiben. Dann in 6 Stücke schneiden. 10 bis 15 Minuten ruhen lassen.

2 Steaks in heißem Öl anbräunen. Fleisch herausnehmen. Zwiebel und spanischen Pfeffer weich sautieren.

3 Mehl einrühren und braun rösten. Fond, Sojasauce, Senf und Pfeffer einrühren.

4 Fleisch mit den restlichen Kiwis in die Pfanne zurückgeben. Zugedeckt eine Stunde köcheln oder bis das Fleisch gar ist.

FÜR 6 PERSONEN

Hühnerleber
Veronika

 HINWEIS DES KOCHS

Das Fruchtfleisch der Kiwis enthält ein Enzym, das Fleisch zart macht.

HERSTELLUNG VON GEWÜRZTEM MEHL

Gewürztes Mehl besteht aus normalem Mehl, das mit einer Gewürzmischung aus Salz, Pfeffer, gemahlenem Ingwer und getrockneten Kräutern gewürzt ist, um es zu aromatisieren.

GEGRILLTES FRISCHES HUHN *mit* TRAUBEN

2 frische Hühner, halbiert, Karkasse entfernt
30 g Butter oder Margarine, zerlassen
frisch gepreßter Zitronensaft
Salz und Pfeffer nach Geschmack

ROTWEINSAUCE
Hühnerkarkasse
1 EL Pflanzenöl
1 kleine Zwiebel, gehackt
30 g rote Trauben, ohne Kerne
und gehackt
180 ml Hühnerfond
125 ml trockenen, fruchtigen Rotwein
$1/4$ TL Thymian
$1/2$ kleines Lorbeerblatt
8 rote Trauben, ohne Kerne und halbiert
8 weiße Trauben, ohne Kerne und halbiert
2 TL Butter
1 TL französischen Senf

*Gegrilltes frisches
Huhn mit Trauben*

1 Hühnerfleisch mit zerlassener Butter und Zitronensaft einstreichen. Salzen und pfeffern. Beiseite setzen.

2 ZUBEREITUNG DER SAUCE: Karkasse in Öl abbräunen. Zwiebel und Trauben leicht sautieren, bis sie goldbraun werden.

3 Hühnerfond, Wein, Thymian und Lorbeerblatt zugeben. Aufkochen, dann durch köcheln auf 165 ml reduzieren. Fond abseihen. Zudecken. Kühlen.

4 Rote und weiße Traubenhälften in Butter sautieren. Restlichen Fond einrühren. Langsam köcheln und eindicken. Senf einschlagen.

5 ZUBEREITUNG DER HÜHNER: Etwa 4 bis 5 Minuten unter einem heißen Grill, Haut nach unten, grillen, dabei oft mit restlicher Butter und dem Zitronensaft bestreichen.

6 Wenden, einstreichen und weitere 6 Minuten grillen. Sollten die Hühner größer sein, kann mehr Zeit nötig sein. Mit einem Spieß anstechen. Die austretende Flüssigkeit ist klar, sobald das Fleisch gar ist.

7 Die Hühner mit etwas Sauce übergießen. Restliche Sauce extra anbieten.

FÜR 4 PERSONEN

SCHRITT-FÜR-SCHRITT-ANLEITUNG

ZITRONENSEEZUNGE *mit* TRAUBEN

1 ganze Zitronenseezunge oder ein Silber-
dorsch, gehäutet und filetiert

30 g Butter oder Margarine

15 g Frühlingszwiebeln, gehackt

1 Bouquet garni

250 ml Fischfond (siehe Bemerkung)

Salz und weißer Pfeffer nach Geschmack

125 g Sultaninen

1 EL Calvados oder Brandy

2 TL Mehl

60 ml trockenen Weißwein

60 ml Sahne

1 Filets nach Gräten absuchen. Dann vom Schwanz her aufrollen. Mit Küchengarn festbinden.

2 Die Hälfte der Butter in einer schweren Saucenpfanne mit Deckel zerlassen. Frühlingszwiebeln bis auf 2 EL zugeben. Bei geringer Hitze glasig werden lassen.

3 Bouquet garni, Fischfond und Fisch zugeben. 5 bis 10 Minuten zugedeckt köcheln, oder bis der Fisch leicht zerfällt.

4 Während der Fisch kocht, die Trauben 15 Minuten in Calvados einweichen.

5 Sobald der Fisch gar ist, abtropfen, die Garnfäden entfernen und auf einer Servierplatte anrichten und warm stellen. Kochflüssigkeit abseihen, 125 ml davon zurückhalten.

6 In einer sauberen Pfanne die restliche Butter zerlassen und die restlichen Frühlingszwiebeln glasig werden lassen. Mehl zugeben. Unter Rühren für eine Minute aufkochen lassen. Durch Weinzugaben langsam die Hitze reduzieren. Hitze wieder erhöhen. Dann um ein Viertel einkochen.

7 Zusätzlichen Fond beifügen. Erst aufkochen, dann für 5 Minuten köcheln. Probieren und nachwürzen.

8 Sahne und Trauben einrühren. Langsam erwärmen. Über den Fisch gießen.

Zitronenseezunge mit Trauben

Filets aufrollen und mit Küchengarn festbinden.

Die Filets in den Fond geben und langsam köcheln, bis der Fisch beim Probieren leicht zerfällt.

Für die Saucenzubereitung Wein zugeben, um die Frühlingszwiebeln zu kochen. Dann Flüssigkeit um ein Viertel reduzieren.

BEMERKUNG: Fischfond aus Köpfen und Gräten (knapp mit Wasser bedeckt) vorbereiten. Gehacktes Gemüse und etliche Pfefferkörner zugeben und dann 20 Minuten köcheln. Abseihen und sofort verwenden. Nicht lagerfähig.

FÜR 4 PERSONEN

Sommerfrucht Meringuen

SOMMERFRUCHT MERINGUEN

4 Eiweiß
250 g groben Zucker
1 Mango, geschält, ohne Kern, in Scheiben
2 Kiwis, geschält und in Scheiben

KIWISAUCE
3 Kiwis, geschält und püriert
1 EL Zuckerguß
Saft von 1/2 Zitrone

MANGOSAUCE
1 Mango, geschält, ohne Kern und püriert
1 EL Zuckerguß
Saft von 1/2 Limette

1 Eiweiß zu Schnee schlagen. Nach und nach Zucker zugeben und weiterschlagen, bis er sich aufgelöst hat. Ein Backblech mit Aluminumfolie auslegen. Meringuen in die Mitte setzen und mit einer Spatel zu einem 22 cm Kreis glattstreichen.

2 Mit einer Gabel ein Loch in der Mitte der Meringue formen.

3 Etwa 1 1/4 Stunden bei 120°C backen. Bei offener Tür im Backofen abkühlen lassen. Aluminumfolie abzupfen.

4 ZUBEREITUNG DER KIWISAUCE: Kiwis mit Zuckerguß und Fruchtsaft pürieren. Durchseihen, um die schwarzen Samen zurückzuhalten. Gut kühlen.

5 ZUBEREITUNG DER MANGOSAUCE: Die Mango mit Zuckerguß und Saft pürieren. Gut abkühlen.

6 Die Mangosauce auf die eine Hälfte einer 25 cm Servierplatte geben und die Kiwisauce auf die andere.

7 Die Meringuenschale auf die Sauce legen. Das Mittelloch mit Früchten füllen. Mangoscheiben auf der Kiwisauce arrangieren und Kiwischeiben auf der Mangosauce. Vor dem Servieren mit Puderzucker bestäuben.

FÜR 8 PERSONEN

KIWI *und* MANGO SORBET

6 Kiwis, geschält und in Scheiben
1 reife Mango, geschält, ohne Stein und in Scheiben
310 ml Zuckersirup (siehe Bemerkung)
1 EL Orangensaft

1 Kiwis und Mango in einem Mixer pürieren. Zuckersirup und Orangensaft beifügen. Gut vermischen.

2 Die Mischung auf ein Gefrierblech geben. 1 Stunde einfrieren oder bis sich Eiskristalle bilden.

3 Herausnehmen. Neu Mixen. Mischung erneut auf das Blech geben. Einfrieren.

4 Kurz vor dem Servieren in gekühlte Gläser füllen und zusätzliche Scheiben beider Früchte zur Garnierung hineingeben.

BEMERKUNG: Um Zuckersirup herzustellen, 250 g Zucker in 250 ml Wasser auflösen. Aufkochen und abkühlen lassen. Zugedeckt solange wie nötig im Kühlschrank lagern.

FÜR 6 PERSONEN

MOUSSE *aus* PASSIONSFRÜCHTEN

2 Eier, getrennt
60 g groben Zucker
Schale und Saft von 1 Zitrone oder Limone
300 ml Sahne, geschlagen
Fruchtfleisch von 4 Passionsfrüchten

1 Eidotter und Zucker in einer großen Schüssel schlagen, bis sie dick und cremig sind. Schale und Saft zugeben. Gut mixen.

2 Sahne und Passionsfrüchte unterziehen. Eiweiß zu Schnee schlagen. Vorsichtig unterziehen.

3 In Servierschalen füllen. Sehr gut abkühlen lassen. Mit Scheiben von frischen Früchten oder mit Passionsfruchtsauce servieren (Rezept Seite 63).

FÜR 4 BIS 6 PERSONEN

 **TIP DES KOCHS**

Bei der Herstellung von Sahne darauf achten, daß die Sahne gut gekühlt ist, da sie sonst zusammenfallen kann.

WIE MAN KIWIS LEICHT SCHÄLT

Kiwis kann man sehr leicht schälen. Mit einem scharfen Messer einige Längsschnitte machen und dann die Haut abziehen.

Kiwi und Mango Sorbet

Trauben und Wein Custard

60 ml Brandy
1 Eiweiß
60 g Zucker

1 Weißwein und Zitronenschale 2 Minuten kochen. Eidotter mit der Hälfte des Zuckers vermischen. Aus Maismehl und Wasser einen weichen Teig bereiten. Die Eidotter in den Teig verarbeiten. Nach und nach heißen Wein einrühren.

2 In einem Simmertopf unter ständigem Rühren eindicken lassen. Hitze abschalten.

3 Eischnee schlagen. Restlichen Zucker dabei nach und nach zugeben, solange weiterschlagen, bis der Schnee steif und glänzend ist. Zusammen mit dem Zitronensaft in den warmen Custard unterziehen.

4 Einige Trauben für die Garnierung weglegen. Restliche Trauben halbieren und entkernen. In Brandy legen.

5 Restliches Eiweiß schlagen. Die Ränder von 6 schmalen Gläsern zuerst in den Eischnee, dann in Zucker tauchen. Die restlichen Trauben in Eischnee und Zucker tauchen. Trocknen lassen. Kühlen.

6 Vor dem Servieren die in Brandy getränkten Trauben auf die Gläser aufteilen. Mit Custard auffüllen. Mit den eisgekühlten Trauben garnieren.

FÜR 6 PERSONEN

MARMELADE *aus* FEIGEN *und* PASSIONSFRÜCHTEN

500 g Feigen, in Scheiben
250 g Passionsfruchtfleisch
Zucker

1 Feigen und Passionsfrüchte zusammen 10 Minuten kochen. Masse ausmessen und pro Tasse eine Tasse Zucker zugeben.

2 Zucker einarbeiten. Nocheinmal aufkochen bis eine Testprobe auf sich auf einem kalten Saucenlöffel zusammenzieht.

3 In warme, sterilisierte Gläser füllen. Nach Erkalten versiegeln.

ERGIBT 3 GLÄSER

🍇 EINFRIEREN VON TRAUBEN

Trauben in Eischnee und Zucker tauchen. Auf fettundurchlässigem Papier trocknen lassen.

TRAUBEN *und* WEIN CUSTARD

310 ml süßen Weißwein
abgeriebene Schale von 1 Zitrone
4 Eier, getrennt
125 ml groben Zucker
2 EL Maismehl
3 EL Wasser
Saft von $1/2$ Zitrone
250 g weiße Muskattrauben
250 g schwarze Trauben

PUNSCH *aus* PASSIONSFRÜCHTEN

250 g Zucker
125 ml Wasser
250 ml Orangensaft
250 ml Zitronensaft
125 g Passionsfruchtfleisch
Eiswürfel
1 Flasche moussierenden Weißwein
Orangen und Zitronenscheiben
für die Garnierung

1 Zucker und Wasser aufkochen, dabei ständig rühren. Weitere 5 Minuten kochen. Abkühlen lassen.

2 Orangen-, Zitronensaft und Passionsfrüchte zugeben. Kühl stellen bis zum Gebrauch.

3 Zum Servieren Eiswürfel in die Gläser geben. Beiseite gestellten Sirup über die Eiswürfel gießen und den Wein einfüllen. Mit Orangen- und Zitronenscheiben garnieren.

ERGIBT 1,5 LITER

PASSIONA

375 ml Wasser
375 g Zucker
1¹/₂ TL Weinsteinsäure
Fruchtfleisch von 48 Passionsfrüchten

1 Wasser, Zucker und Weinsteinsäure zusammen erhitzen und rühren, bis alles gelöst ist. Aufkochen und dann 3 bis 4 Minuten köcheln.

2 Unter dem Kochen Passionsfrüchte zugeben und mit einer Gabel 3 Minuten bearbeiten, um allen Saft austreten zu lassen. In ein Gefäß geben, gut durchmischen. In Flaschen umfüllen.

3 Zum Servieren etwas Wasser oder Sodawasser in jedes Glas geben. Gut verkorkt ist das Produkt einige Zeit lagerfähig.

ERGIBT 600 ML

PASSIONSFRUCHT-SAUCE

125 g groben Zucker
250 ml Wasser
4 Passionsfrüchte

1 Zucker bei geringer Hitze in einem kleinen Topf in Wasser auflösen. Aufkochen lassen. Dann auf die Hälfte einkochen. Passionsfruchtfleisch einrühren. Weitere 2 Minuten köcheln. Abkühlen. Mit einem Dessert nach Wahl oder Speiseeis servieren.

ERGIBT 375 ML

TRAUBEN *in* GLÄSERN *mit* BRANDY

330 ml Rotweinessig
375 ml Rotwein
180 g Zucker
3 Nelken
4 Zimtstangen
2 EL Brandy
1 kg blaue Trauben ohne Kerne

1 Essig, Wein, Zucker, Nelken und Zimtstangen zusammen zum Kochen bringen. 15 Minuten köcheln oder bis ein Sirup entstanden ist.

2 Die Zimtstangen entfernen. Brandy zugeben und über die Trauben gießen. In warme, sterilisierte Gläser abfüllen. Versiegeln.

BEMERKUNG: Mit Terrinen, Wildgeflügel und Rehwild servieren.

ERGIBT 1 LITER

HERSTELLUNG EINES BOUQUET GARNI

Ein Bouquet garni ist eine leicht herzustellende Würzzugabe, bei der man Kräuter und Sellerie mit Pfefferkörnern spickt. Man gibt das Bouquet während des Kochens zum Gericht. Als Alternative: Kräuter in ein Musselinetuch einschlagen. Es gibt auch handelsübliche Würzsträuße zu kaufen.

MELONEN

Es gibt nichts Erfrischenderes an einem heißen Sommertag, als eine eisgekühlte Melonenscheibe. Melonen bestehen zu 95% aus Wasser. Wen
wundert es also, daß sie genauso erfrischend sind, wie ein kaltes Getränk?

Melonen gibt es in vielerlei Formen und Größen: Die bekanntesten sind
Wasser- und Honigmelonen.

Melonen sind am besten, wenn sie richtig reif sind. Alte Regel: Sie
schmecken so, wie sie riechen.

Bei Wassermelonen ist es etwas problematischer festzustellen, ob
sie schon richtig reif sind: Sie haben eine dicke Schale. Daher
kauft man am besten ein Stück einer bereits angeschnittenen
Melone. Bitte auf das feste, leuchtende Fruchtfleisch achten
und auf die weiche, wachsartige Rinde.

Im Kühlschrank kann man Melonen gut aufbewahren.
Vorschlag: Noch unreif kaufen, ein paar Tage liegen lassen,
dann im Kühlschrank aufheben.

Melonen sind sehr vielseitig verwendbar. In den folgenden Rezepten
haben wir sie in Verbindung mit Meeresfrüchten, Gebäck und
Currygerichten vorgeschlagen.

ZWEI-MELONEN SOMMERSUPPE

Diese Suppe macht sich besonders dekorativ, wenn man sie in Glasschüsseln serviert.

750 g Cantaloupemelonen
2 reife Honigmelonen, je 1 kg
3 EL frischen Limettensaft
2 TL fein gehackte frische Minze
Minzezweige zur Garnierung
Sahne zum Servieren, wenn gewünscht

1 Die Cantalupemelone halbieren. Auslöffeln und die Samen entfernen. Schälen und zerkleinern. Die Melone zusammen mit Zitronensaft im Mixer pürieren. In einer Schüssel mit Deckel wenigstens 12 Stunden kühl stellen.

2 Die Honigmelone halbieren. Auslöffeln und die Samen entfernen. Abschälen und zerkleinern. Die Melone dann mit Limettensaft und Minze in einem Mixer pürieren. Getrennt in einer Schüssel mit Deckel mindestens 12 Stunden kühl stellen.

3 Zum Servieren die Pürees in getrennte Krüge füllen. Dann die Pürees gleichzeitig von zwei Seiten in gekühlte Schüsseln einfüllen. Die Suppe soll mit zwei getrennten Farben serviert werden. Mit Minzezweigen garnieren.

FÜR 6 PERSONEN

🍂 **MELONENAUSSTECHER**

Melonenfruchtfleisch kann man mit Hilfe eines Melonenausstechers, den es in verschiedenen Größen gibt, als Bällchen, Scheiben oder Würfel herausholen.

HONIGMELONE *mit* KREBSFLEISCH

2 Honigmelonen, halbiert und ohne Samen
185 g Dose Krebsfleisch, abgetropft und zerpflückt
125 ml Sahne
125 g Mayonnaise
1/2 bis 1 TL Currypulver
Minze- oder Petersilienzweige

1 Das Fruchtfleisch der Melone ausschaben. Schale aufheben.

2 Restliche Zutaten zusammenmischen. Mit dem Fruchtfleisch mischen.

3 Mischung in die Melonenhälften löffeln. Mit Minze oder Petersilie garnieren. Vor dem Servieren gut kühlen.

FÜR 4 PERSONEN

SUPPE *aus* WASSER-MELONEN

2 kg Wassermelonenfleisch, ohne Samen
500 ml süßen Weißwein
3 EL Honig
1/2 TL Garam Masala
abgeriebene Schale und Saft von 1 Orange
abgeriebene Schale von 1 Zitrone
250 ml saure Sahne
geriebenen Muskat und Dillzweige zur Garnierung

1 Wassermelone, Wein, Honig, Garam Masala, Orangenschale und -saft, sowie Zitronenschale und -saft unter ständigem Rühren aufkochen. 20 Minuten köcheln. Abkühlen lassen.

2 In einem Mixer pürieren. In eine Schüssel umfüllen. Saure Sahne einrühren. Vor dem Servieren gut kühlen.

3 Mit einem Dillzweig und etwas geriebenem Muskat garniert servieren.

FÜR 6 PERSONEN

🍂 **SERVIERVOR-SCHLAG**

Melonenschalen, einmal ausgehöhlt, sind nützliche Servierschalen für Salate, Sorbets, Speiseeis etc.

🍂 **DURSTLÖSCHER**

Aus pürierten Melonen lassen sich köstliche Getränke herstellen.

Zwei-Melonen Sommersuppe

CANTALOUPE-SUPPE

750 g Cantaloupemelone, halbiert und ohne Kerne
200 g kernlose Trauben
200 g Aprikosen, halbiert und ohne Steine
1 Apfel, geschält, ohne Kerngehäuse und in Scheiben
750 ml trockenen Weißwein
2 bis 3 EL Zitronensaft
1^{1}/$_{2}$ TL Maismehl
1 EL Honig
30 g Pinienkerne

1 Fruchtfleisch aus einer halben Cantaloupemelone entfernen und zerkleinern. Das Fruchtfleisch der anderen Melonenhälfte mit Hilfe eines Kugelausstechers in Bällchen auslösen.

2 Zerkleinerte Melone, Trauben, Aprikosen, Apfel, Wein und Zitronensaft 20 Minuten köcheln. Abkühlen, im Mixer pürieren.

3 Püree in den Topf zurückgeben. Mit dem Maismehl und etwas Wasser zu einer weichen Paste verarbeiten. Maismehl und Honig in die Suppe einrühren. Unter ständigem Rühren zum Kochen bringen, dann 3 Minuten köcheln.

4 Melonenbällchen unterrühren. Gut kühlen. Die Pinienkerne in einer trockenen Pfanne goldbraun rösten. Dies kann man auch mit einem Backblech bei 150°C im Backofen erreichen. Vor dem Servieren über die Suppe streuen.

Cantaloupesuppe

FÜR 6 PERSONEN

PIKANTER MELONENSALAT

Sollte es wirklich erforderlich sein, den Salat vorher zuzubereiten, die Avocados schneiden und in etwas Zitronensaft legen, damit sie nicht braun werden.

^{1}/$_{2}$ Cantaloupemelone, in Bällchen oder in Scheiben
^{1}/$_{2}$ Honigmelone, in Bällchen oder Scheiben
125 g Wassermelone, in Würfeln
3 Schalotten, gehackt
125 g Prosciutto, in Streifen
1 Avocado, in Scheiben
30 g sonnengetrocknete Tomaten, in Scheiben

DRESSING
60 ml Olivenöl
2 EL weißen Weinessig
1 TL Currypulver
einige Tropfen Chilisauce
Gewürze nach Geschmack

1 Alle Zutaten für den Salat auf einer flachen Servierplatte oder in kleinen Schüsselchen anrichten.

2 ZUBEREITUNG DES DRESSINGS: Alle Zutaten in einen Shaker geben. Gut schütteln. Vor dem Servieren über den Salat gießen. Als Entree oder leichter Lunch verwendbar.

FÜR 6 BIS 8 PERSONEN

Früchte, Zitronensaft und Wein 20 Minuten köcheln.

Abkühlen, dann die Mischung mit einem Sieb oder einem Mixer pürieren.

Maismehlmischung und Honig zum Püree geben und langsam eindicken lassen.

*Gedünstete Muscheln
mit Melonen, Mango
und Kichererbsen in
Sesam-Dill Dressing*

GEDÜNSTETE MUSCHELN *mit* MELONEN, MANGO *und* KICHERERBSEN *in* SESAM-DILL DRESSING

12 ungekochte frische Muscheln

30 g Ingwerpickles, gehackt

2 EL trockenen Weißwein

1 kleine Honig- oder Cantaloupemelone, mit einem Kugelausstecher zu Bällchen geformt

1 Mango, geschält und dünn geschnitten

100 g Kichererbsen, blanchiert und gehackt

6 Kirschtomaten, halbiert

4 Spargelspitzen, der Länge nach halbiert und gekocht

SESAM-DILL DRESSING
Saft von 1 Zitrone
2 TL gehackten Dill
3 bis 4 Tropfen Sesamöl
Pflanzenöl
Salz und frisch gemahlener Pfeffer nach Geschmack

1 Muscheln und Ingwer zusammen 20 Minuten ziehen lassen.

2 Wein erhitzen. Muscheln und Ingwer 1 Minute in Wein blanchieren. Gut abtropfen lassen. Abkühlen.

3 Alle Zutaten (außer Spargel) mit dem Dressing beträufeln. Salat dann auf 4 Tellern anrichten. Mit den Spargelspitzen garnieren.

4 ZUBEREITUNG DES SESAM-DILL DRESSINGS:
Zitronensaft, Dill und Sesamöl in einen Meßbecher geben. Mit Öl bis auf 150 ml auffüllen. Würzen. In ein verschraubbares Gefäß umfüllen. Gut schütteln.

FÜR 4 PERSONEN

 **SPARGEL IN DER MIKROWELLE**

Vor dem Kochen gut abspülen. In eine kleine Mikowellenschüssel mit Deckel geben. Bei voller Leistung 1 Minute garen, oder bis der Spargel weich ist.

SCHRITT-FÜR-SCHRITT-ANLEITUNG

Gehackten Ingwer zur Mischung aus Koriandersamen, Currypulver, Zwiebeln und Mehl geben.

Langsam einfließen lassen und dann aufkochen.

Kokosraspeln, gemischte Früchte und Sahne zufügen.

Früchte Curry

FRÜCHTE CURRY

4 bis 5 Stück kristallisierten Ingwer
2 Zwiebeln, geschält und gehackt
60 g Butter oder Margarine
1 EL Currypulver
1 EL Mehl
1 TL Koriandersamen, zerstoßen
500 ml Hühnerfond
2 TL Zitronensaft
Salz und frisch gemahlener Pfeffer
270 g Kokosraspeln
500 g bis 625 g gehackte Mischung von Melonen, Pfirsichen, Pflaumen, Trauben, Bananen, Äpfeln, Birnen
2 bis 3 EL Sahne

1 Ingwer mit heißem Wasser bedecken, um den Zucker zu entziehen. Abtropfen, trockentupfen und fein hacken.

2 Zwiebeln in Butter glasieren. Currypulver, Mehl, Koriandersamen und Ingwer einrühren. 5 Minuten köcheln.

3 Nach und nach Fond zugeben. Aufkochen lassen. Zitronensaft und Gewürze beifügen. 30 Minuten köcheln.

4 Kokosraspeln, vorbereitete Früchte und Sahne einrühren. Heiß oder kalt mit Reis servieren.

FÜR 4 PERSONEN

FRÜCHTE FLAN

BODEN
4 Scheiben bereits gerollten Teigboden
1 Ei, geschlagen

FÜLLUNG
500 g Sahnekäse, weich
250 g Puderzucker
1 TL Zimt
Saft und abgeriebene Schale einer Zitrone

BELAG
1 Honigmelone, ohne Kerne, als Kugeln ausgestochen
300 g blaue Trauben, Stiele entfernt
$1/2$ Cantaloupemelone, ohne Kerne und zu Bällchen geformt
2 Schälchen Erdbeeren, ohne Krone
2 Kiwis, geschält und in Scheiben
2 Passionsfrüchte, in Scheiben

GLASUR
200 g Aprikosenmarmelade, warm und abgeseiht
125 ml Orangensaft oder Wasser

1 Ofen auf 200°C vorheizen. 2 Teigböden übereinanderlegen, Ränder zusammendrücken. Mit den restlichen 2 Böden wiederholen.

2 Flanformen, 2 x 23 cm leicht einfetten. Die Teigböden leicht in die Formen pressen 10 Minuten blindbacken (siehe Bemerkung).

3 Die Bohnen des Backvorgangs entfernen. Teig mit der Gabel einstechen. Auskühlen lassen, dann erst füllen. Auf keinen Fall mehr als 3 Stunden vor dem Servieren.

4 ZUBEREITUNG DER FÜLLUNG: Alle Zutaten für die Füllung zusammenrühren, bis sie weich und cremig sind. Eine gleich große Menge in jede Flanform geben. Oberfläche mit einem Spatel glätten. Im Kühlschrank fest werden lassen (ungefähr 1 Stunde).

5 Mit den vorbereiteten Früchten dekorativ garnieren.

6 ZUBEREITUNG DER GLASUR: Alle Zutaten vermengen. Leicht über die Früchte streichen. Vor dem Servieren kühlen.

Früchte Flan

 **BLINDBACKEN**

Boden mit einem Backpapier bedecken. Mit getrockneten Bohnen oder Erbsen bedecken. Gemäß Anweisung backen. Papier und Bohnen entfernen. Nach Anweisung weitermachen.

FRISCH
aus den
TROPEN

Die Zahl der Tropenfrüchte ist Legion und wir möchten hier nur Ananas, Bananen, Mangos, Papayas, Lychees und Rambutan anführen, die alle in heißen Klimazonen wachsen. Die meisten dieser Früchte besitzen ein weiches Fruchtfleisch und eignen sich insbesondere für Mousses, Eiscremes, Sorbets und Gelees.

Mangos sind für viele eine ganz besondere Delikatesse. Aus gutem Grund: Sie sind süß, saftig und wundervoll im Geschmack. Obwohl noch ziemlich teuer, sind sie deshalb trotzdem ihr Geld wert. Früchte mit unbeschädigter Schale, die auf Druck leicht nachgeben, sind am meisten zu empfehlen. Mangos reifen in einem temperierten Raum und halten sich gut im Kühlschrank.

Ananas, eine andere Tropenfrucht, erfreut uns mit einem süßen, aromatischen und dabei leicht säuerlichen Saft und Fruchtfleisch, die sich gut bei Salaten oder als Zugabe zu Schweinefleisch und Schinken macht.

Lychees und ihr Cousin Rambutan werden am besten ganz serviert, damit ihr Aroma voll zur Geltung kommt. Wir werden in diesem Kapitel einige gute Serviervorschläge hierzu unterbreiten.

Mango Igel sind eine beliebte Servierart für diese Früchte. Man schneidet die Wangen der Mango ab. Dann das Fruchtfleisch kreuzweise einritzen, ohne dabei die Haut zu zerstören. Die Haut anschließend von außen nach innen drücken – ergibt den Igel! So läßt sich eine Mango bequem essen.

PIKANTE MANGO *und* GURKENSUPPE

3 Frühlingszwiebeln, gehackt
1 Mango, geschält, ohne Stein und püriert
125 ml Zitronensaft
125 ml Orangen- und Mangosaft
125 ml Magermilchjoghurt
1 Knoblauchzehe, gepreßt
1¹/₂ Gurke, abgeschält, ohne Kerne, geraspelt
Salz und frisch gemahlener Pfeffer, nach Geschmack
¹/₂ rote spanische Pfefferfrucht, fein gewürfelt

1 Frühlingszwiebel, Mango, Zitronensaft, Orangen- und Mangosaft, Joghurt und Knoblauch in einen Mixer geben. Gut durchmixen. In eine Servierschüssel umfüllen. Geraspelte Gurke und Gewürze beifügen.

2 Bis zum Servieren kühl stellen. Mit Gurkenscheiben und fein gewürfelter spanischer Pfefferfrucht garnieren.

FÜR 4 PERSONEN

CUSTARD-APFELSUPPE

2 mittelgroße, reife Custardäpfel
500 ml Hühnerfond
Saft von 2 Limetten
250 ml saure Sahne
Salz und frisch gemahlenen Pfeffer, nach Geschmack
Zitronenscheiben und Dillzweige zum Garnieren

1 Fleisch der Custardäpfel auslösen, Samen entfernen. Im Mixer pürieren, dabei nach und nach Fond zugeben, bis die Masse weich ist. Limettensaft einfließen lassen.

2 Mischung in eine Schüssel umfüllen. Saure Sahne und Gewürze einrühren. In Schüsseln, garniert mit Zitronenscheiben und Dill, servieren.

FÜR 4 PERSONEN

MILDE SUPPE mit CURRY *und* MANGO

1 Mango, geschält, Fruchtfleisch entfernt oder 450 g Mangoscheiben aus der Dose
500 ml Hühnerfond
Saft von ¹/₂ Zitrone
¹/₄ TL Currypulver
Salz und frisch gemahlener Pfeffer, nach Geschmack
125 ml Sahne
1 TL Safranfäden

1 Mango, Fond und Zitronensaft in einem Mixer pürieren.

2 Currypulver und Gewürze zugeben. Suppe langsam erhitzen, bis sie heiß ist. Nicht kochen lassen. Sahne vor dem Servieren einrühren.

3 Wenn die Suppe kalt serviert werden soll, braucht man sie nicht zu kochen. Nur pürieren, würzen und mit Sahne versetzen.

4 Mit Croutons oder geröstetem Brot servieren und mit einigen Safranfäden garnieren.

FÜR 4 PERSONEN

LYCHEE COCKTAIL

250 g Lychees oder Rambutans, geschält, halbiert und ohne Kerne
200 g Ananas, in Würfeln
150 g Orangen, in Stücken
1 EL Zucker
2 TL Zitronensaft

1 Alle Früchte vermengen. 1 Stunde kühl stellen. In gekühlten Cocktailgläsern servieren.

FÜR 4 PERSONEN

PIZZA SUPREME

TEIG
1 TL Puderzucker
160 ml warmes Wasser
1 TL Trockenhefe
60 g Vollkornmehl
60 g Mehl
2 TL Butter
2 TL Öl

BELAG
3 EL Tomatenpaste
1 Tomate, in Scheiben
1 Zwiebel, in Scheiben
60 g Pilze, in Scheiben
60 g Salami, in Scheiben
3 Scheiben Ananas, gehackt
12 schwarze Oliven
6 Anchovisfilets
250 g Mozzarella, in Scheiben

1 Zucker in Wasser auflösen. Hefe einrühren. Beiseite stellen, bis sich die Hefe aufgelöst hat. Mehlsorten vermengen und die Butter einarbeiten.

2 Hefe zugeben. Flüssigkeit und Öl dazugeben. Kneten, bis der Teig nicht mehr anhängt.

3 Teig auf einer leicht bemehlten Unterlage kneten. Schüssel reinigen, dann leicht einölen und den Teig wieder in die Schüssel legen. Gehen lassen, bis er zur doppelten Größe gewachsen ist.

4 Teig erneut durchkneten, in eine 23 cm Pizzaform geben. Mit Öl einpinseln und 15 Minuten ruhen lassen.

5 ZUBEREITUNG DES BELAGS: Boden mit Tomatenpaste einstreichen. Alle anderen Belagzutaten auf dem Boden arrangieren. Bei 200°C 25 bis 30 Minuten backen.

ERGIBT 1 PIZZA

PERFEKTE ANANASSTÜCKE

Nach dem Schälen der Ananas sorgfältig alle "Augen" vor dem Servieren entfernen.

Pizza Supreme

Lammkoteletts mit Petersilien-Minze-Sauce

LAMMKOTELETTS *mit* PETERSILIEN-MINZE-SAUCE

60 g Butter oder Margarine
1 EL Mangochutney
2 TL französischen Senf
1 Knoblauchzehe, gepreßt
2 TL Zitronensaft
6 Lammkoteletts, Fett abgeschnitten
6 EL frische Petersilie, fein gehackt
2 EL frische Minze, fein gehackt
Salz und frisch gemahlenen schwarzen Pfeffer

MANGO-MINZE SAUCE
1 Mango, geschält, ohne Stein und püriert
1 EL frische Minze, fein gehackt
frisch gemahlener schwarzer Pfeffer
1 TL Essig

1 Butter, Chutney, Senf, Knoblauch und Zitronensaft vermischen. Gleichmäßig über die Koteletts streichen.

2 Petersilie, Minze und Gewürze darüberstreuen. Mit einem Löffel fest auf das Fleisch drücken.

3 Bei 200°C 20 bis 30 Minuten, oder bis das Fleisch gar ist, braten.

4 ZUBEREITUNG DER SAUCE: Alle Zutaten in eine kleine Saucenpfanne geben. Langsam erhitzen, dann servieren.

FÜR 6 PERSONEN

SCHWEINE-FLEISCHSALAT *mit* INGWER-MANGO-DRESSING

1 Salat, gewaschen und abgetropft

600 g Schweinefilets, gebraten und zu Medaillons geschnitten

½ Ananas, geschält und gehackt

4 Selleriestangen, geschnitten

100 g Haselnüsse, geröstet

100 g Pilze

1 Mango, geschält, ohne Stein und gehackt, oder 450 g Mangoschnitten aus der Dose

1 roter Apfel, in Scheiben, mit Zitronensaft beträufelt um die Bräunung zu verhindern

Salz und frisch gemahlener Pfeffer, nach Geschmack

Schnittlauch, fein geschnitten

INGWER-MANGO-DRESSING

2 Mangos, geschält und ohne Stein

160 g Mayonnaise

1 TL Ingwer

1 Salatblätter in mundgroße Stücke zerpflücken, ein paar zum Auslegen der Salatschüssel aufheben. Alle Zutaten, außer dem Schnittlauch, zusammenmischen. In die Servierschüssel füllen.

2 ZUBEREITUNG DES INGWER-MANGO-DRESSINGS: Mango, Mayonnaise und Ingwer ganz fein pürieren.

3 Dressing über den Salat geben. Mit Schnittlauch bestreuen. Servieren.

FÜR 4 BIS 6 PERSONEN

ABSCHÄLEN VON LYCHEES UND RAMBUTANS

Wenn man frische Lychees verwendet, schält man sie am besten durch Aufbrechen der Schale und Pressen mit dem Daumen. Die Frucht springt dann heraus. Bei Rambutans muß man die Schale mit einem Messer aufschneiden.

Schweinefleischsalat mit Ingwer-Mango-Dressing

*Pfannengerührtes
Mangohuhn mit
Mandeln*

PFANNENGERÜHR-TES MANGOHUHN *mit* MANDELN

**3 Hühnchenbrüste, gehäutet, ohne Knochen
und in Streifen geschnitten**

**1 EL Maismehl mit 2 EL leichter Sojasauce
und 3 EL Sherry verrührt**

6 EL Öl

1¹/₂ TL gehackte Ingwerwurzel

1 Knoblauchzehe, gepreßt

**4 Frühlingszwiebeln, weißer Teil gehackt,
grüner Teil in 2,5 cm Stücke geschnitten**

Salz und frisch gemahlener Pfeffer

**2 Mangos, geschält und in lange
Streifen geschnitten**

2 EL Sherry

1 EL leichte Sojasauce

1 TL braunen Zucker

1 TL Maismehl

**125 g gemahlene Mandeln,
geröstet**

1 Huhn in eine Schüssel geben. Maismehl-mischung darübergeben. Im Kühlschrank 30 Minuten marinieren. Abtropfen.

2 3 EL Öl im Wok erhitzen. Huhn 30 Se-kunden pfannenrühren. Herausnehmen und auf Küchenpapier abtropfen lassen.

3 2 EL Öl erhitzen und Ingwer, Knoblauch und weiße Frühlingszwiebelteile nebst Ge-würzen für 30 Sekunden pfannenrühren.

4 Huhn im Wok 1 Minute erwärmen. Dann auf eine Servierplatte legen.

5 1 EL Öl im Wok erhitzen. Mangos zuge-ben. 30 Sekunden pfannenrühren. Dann Sherry, Sojasauce, Zucker und Maismehl einrühren. 30 Sekunden kochen, oder bis die Sauce eindickt.

6 Grüne Frühlingszwiebelteile und Man-deln dazugeben. Über das Huhn gießen. Mit Frühlingszwiebelscheibchen garnieren.

FÜR 4 PERSONEN

KALBFLEISCH *mit* GRANATÄPFELN

1 TL Salz

frisch gemahlener schwarzer Pfeffer

1 TL Paprika

$^1/_2$ TL Allgewürz

30 g Mehl

1 kg Kalbfleisch, in 2,5 cm großen
Würfel geschnitten

60 ml Öl

1 große Zwiebel, geschält, gehackt

250 ml Kalbs- oder Hühnerfond

1 EL Tomatenpaste

Saft von 3 großen Granatäpfeln

1 EL Honig

30 g Sellerie, gehackt

$^1/_2$ rote spanische Pfefferfrucht, ohne
Kerne, dünn geschnitten

Granatäpfelkerne und Petersilie
zur Garnierung

1 Salz, Pfeffer, Paprika und Allgewürz mit
Mehl mischen. Kalbfleischwürfel mit Mehl
bestäuben. Zuviel Mehl abschütteln.

2 Kalbfleisch in Öl anbraten. Dann in eine
Kasserolle geben. Zwiebel in derselben
Pfanne sautieren. Fond zugeben, Tomatenpaste, Granatapfelsaft und Honig. Gut mischen.

3 Sauce über das Kalbfleisch gießen. Bei
150°C zugedeckt 1 Stunde und 45 Minuten
schmoren. Sellerie und spanische Pfefferfrucht zugeben. Weitere 15 Minuten garen,
oder bis das Fleisch weich ist. Mit Granat-
apfelkernen und Petersilie garnieren.

BEMERKUNG: Um Granatapfelsaft herzustellen, reife Granatäpfel halbieren und mit einer Zitronenpresse ausdrücken, um die
Kerne zu brechen.

FÜR 6 PERSONEN

FISCHSALAT *mit* FRÜCHTEN

500 g weiße Fischfilets

60 g Zitronensaft

6 Guaven, ohne Steine und in Würfel

3 Scheiben frische Ananas, in Würfel

3 Bananen in Ringe

1 große, reife Mango, geschält,
ohne Stein und in Stücken

1 spanische Zwiebel, dünn geschnitten

1 rote Chili, ohne Kerne und fein gehackt

180 ml dicke Kokosnußmilch

roten spanischen Pfeffer oder
Schnittlauchröllchen zur Garnierung

1 Fisch in schmale Streifen schneiden. In
Zitronensaft für mindestens 6 Stunden marinieren. Abtropfen.

2 Fisch und Fruchtzubereitung in einer
Salatschüssel anrichten. Mit Zwiebeln und
Chili garnieren. Kokosnußmilch darüber-
geben. Sehr gut kühlen.

3 Mit Streifen von rotem spanischen Pfeffer oder Schnittlauch garnieren. Wenn
gewünscht, kann die Kokosnußmilch getrennt serviert werden.

FÜR 4 PERSONEN

*Kalbfleisch mit
Granatäpfeln*

Die Kalbfleischwürfel in Würzmehl drehen.

Kalbfleisch in Öl anbraten.

Granatapfelsauce über das Kalbfleisch geben.

4 Sahne schlagen. In die Mischung unterziehen. In eine eingefettete 23 cm Ringform geben. Im Kühlschrank fest werden lassen (3 bis 4 Stunden).

5 Pudding auf die Servierplatte stürzen. Mit dem Kugelausstecher das Fruchtfleisch aus der Papaya holen. In der Mitte des Puddings aufhäufen. Mit Limettenscheiben garnieren.

BEMERKUNG: Beim Abschaben der Schalen von Orangen oder Zitronen muß man sehr vorsichtig sein und nur die Farbschichten abnehmen. Die darunterliegenden weißen Schichten sind bitter.

FÜR 6 PERSONEN

GERÄUCHERTER TRUTHAHN *mit* PAPAYA

Man kann statt des Truthahns auch Prosciutto verwenden, wenn man eine andere Geschmacksrichtung wünscht.

1 mittelgroße Papaya
12 dünne Scheiben geräucherte Truthahnbrust
Limettenfilets und Brunnenkresse zum Garnieren

PREISELBEERMAYONNAISE
125 ml Mayonnaise
3 EL Preiselbeersauce

1 Abschälen, halbieren und die Samen aus der Papaya nehmen. Jede Hälfte der Länge nach in 3 Teile schneiden.

2 Jeweils 2 dünne Truthahnscheiben auf eine Portion Papaya geben. In Schüsselchen anrichten und mit Limettenfilets, mit Brunnenkresse und der Preiselbeermayonnaise, garnieren.

3 ZUBEREITUNG DER PREISELBEERMAYONNAISE: Alle Zutaten miteinander gründlich verarbeiten.

FÜR 6 PERSONEN

Geräucherter Truthahn mit Papaya

SUN GLORY PAPAYA PUDDING

Sollte eine Papaya nicht erhältlich sein, eine andere Melone verwenden.

300 ml Milch
60 g Grieß
2 EL Gelatine
2 EL Honig
Saft und abgeriebene Schale von 1 Zitrone
Saft und abgeriebene Schale von 1 Orange
125 g Papayafruchtfleisch
150 ml Sahne
1 Papaya
2 Limetten oder Zitronen, dünn geschnitten

1 Milch zum Kochen bringen. Grieß einrühren. 5 Minuten kochen.

2 Gelatine und Honig mischen. Dann in den heißen Grießbrei einrühren, bis Honig und Gelatine gut gelöst sind.

3 Mit Zitrone- und Orangenschale und -saft aromatisieren. Papaya einrühren. Abkühlen.

SCHNELLE PAPAYAS

Papayas werden köstlich, wenn man sie in Zitronen- oder Orangensaft ziehen läßt.

SALAT
mit MANGOS *und* KRABBEN

12 Krabben, gepuhlt und ohne Darm
2 Mangos, geschält
125 g Kichererbsen
4 Frühlingszwiebeln, gehackt
125 g Pecannüsse
Salz und frisch gemahlener Pfeffer
2 EL französisches Dressing

Mit einem kleinen Schnitt am Schwanz den Darm freilegen.

Dann den Darm herausziehen.

1 Wenn die Krabben groß sind, halbieren. Zuerst eine große Scheibe beidseitig des Mangosteines abschneiden, dann das restliche Fruchtfleisch. Die großen Stücke in kleine Streifen schneiden.

2 Kichererbsen in kochendem Wasser 1 Minute blanchieren. Abtropfen und unter kaltem, fließenden Wasser abschrecken. Auf Wunsch können die Kichererbsen im Salat ungekocht serviert werden.

3 Krabben, Mango, Kichererbsen, Frühlingszwiebeln, Pecannüsse und Gewürze vermengen. Französisches Dressing darübergeben. Vor dem Servieren gut aufschütteln.

FÜR 4 BIS 6 PERSONEN

Salat mit Mangos und Krabben

KÄSEKUCHEN
mit INGWER *und* MANGO

BODEN
250 g Schokoladenbisquitkrümel
125 g Butter oder Margarine, zerlassen

FÜLLUNG
60 ml Wasser
60 ml Zitronensaft
25 g Päckchen Zitronengelee, kristallisiert
375 g Dose Kondensmilch, gekühlt
200 g weichen Sahnekäse
2 Mangos, geschält, ohne Steine,
und grob gehackt oder 2 x 450 g Dosen
Mangoscheiben
45 g braunen Zucker
1 TL Vanille Aroma
1 EL glasierten Ingwer, fein gehackt
1 Mango in Scheiben
Schlagsahne

1/2 Zitrone, dünn geschnitten und in
kleine Stücke zerteilt
Schokoladenraspeln

1 ZUBEREITUNG DES BODENS: Bisquitkrümel und zerlassene Butter gründlich verarbeiten. Auf den Boden und die Seiten einer 23 cm Springform drücken. Kühl stellen.

2 ZUBEREITUNG DER FÜLLUNG: Wasser und Zitronensaft erhitzen. Zitronengelee zusetzen. Unter Rühren auflösen und abkühlen.

3 Kondensmilch schlagen, bis sie eindickt. Sahnekäse und Mangos zugeben. Weiterschlagen, bis die Masse geschmeidig ist. Zucker, Vanille, Ingwer und die Geleemischung zugeben. Über den Krümelboden ausstreichen und kühl stellen.

4 Mit Mango-, Zitronenscheiben, Sahne und Schokoladenraspeln garnieren.

FÜR 10 BIS 12 PERSONEN

MANGOEIS

1 Mango, geschält, ohne Stein und
grob zerkleinert (siehe Bemerkung)
1 Papaya, geschält, ohne Kerne und
grob zerkleinert
1 EL Zitronensaft
4 Eidotter
125 g Zuckerguß
180 ml eingedickte Sahne,
geschlagen

1 Mango und Papaya mit Zitronensaft in einem Mixer pürieren. Beiseite stellen.

2 Eidotter und Zuckerguß in einen Simmertopf geben. Schlagen, bis die Eier blaß und dick werden. Vom Herd nehmen. Weitere 2 Minuten schlagen.

3 Das Fruchtpüree vorsichtig in die Eiermischung unterziehen. Sahne einarbeiten.

4 In eine dekorative 1 Liter Metallschüssel geben. Mindestens 3 Stunden einfrieren.

5 Um den Inhalt aus der Schüssel zu bekommen, diese für 30 Sekunden in warmes Wasser stellen. Auf eine Servierplatte stürzen oder als Eisbällchen auslösen.

BEMERKUNG: Mangos aus der Dose können auch für dieses Rezept verwandt werden.

FÜR 6 BIS 8 PERSONEN

Mangoeis

TROPICALSORBET

MANGOSORBET
2 Mangos, geschält, ohne Stein und püriert
310 ml Wasser
160 g Puderzucker

KIWISORBET
4 Kiwis, geschält und püriert
435 ml Wasser
250 ml Puderzucker
Saft und abgeriebene Schale von 1 Zitrone

ANANASSORBET
435 ml Ananassaft
160 ml Wasser
160 g Puderzucker
2 bis 3 Tropfen Orangen Aroma
frische Minze zum Garnieren

1 Die zwei Fruchtpürees und den Ananassaft in drei verschiedene Gefäße umfüllen. Beiseite stellen.

2 ZUBEREITUNG DES ZUCKERSIRUPS: Wasser und die erforderliche Menge Zucker in drei getrennte Töpfe geben. Umrühren bis sich der Zucker gelöst hat.

3 Sirup für Mango- und Kiwisorbets 5 Minuten kochen. Sirup für das Ananas Sorbet 3 Minuten. Sirups abkühlen lassen. Zu den jeweiligen Pürees geben und vermengen.

4 Zitronensaft und -schale zum Kiwisorbet und Orangensaft und -schale zum Ananassorbet geben.

5 Jede Mischung in eigene Boxen zum Einfrieren einfüllen. $2^1/_2$ Stunden einfrieren. Aus der Kühltruhe nehmen. Noch einmal durcharbeiten um die Kristalle aufzubrechen. In die Tiefkühltruhe zurückgeben, bis die Mischung gefroren ist.

6 Vor dem Servieren die Sorbets 10 Minuten bei Raumtemperatur stehen lassen. Dann die Sorbetkugeln auf ein gekühltes Tablett legen und dieses wieder für 30 Minuten in die Truhe geben.

7 Die Sorbetkugeln möglichst farbenfroh in den Dessertschüsseln anordnen. Mit Minze garnieren.

FÜR 4 BIS 6 PERSONEN

Tropicalsorbet

TROPISCHER FRUCHTKUCHEN

TEIG
750 ml Wasser

375 g Zucker

4 kleine Mangos, geschält, ohne Stein und in Würfeln

600 g Ananas, geschält, ohne Herz und in Würfeln

600 g Kirschen, ohne Stengel und Steine

500 g Mehl

25 g frische Hefe oder 10 g Trockenhefe

250 ml warme Milch

125 g Butter oder Margarine, in Flocken

4 EL Zucker

3 EL gemahlene Haselnüsse

1 TL Vanille Aroma

Salz nach Geschmack

BELAG
250 g Mehl

240 g braunen Zucker

1¹/₂ TL Zimt

150 g zerlassene Butter oder Margarine

1 Wasser und Zucker in einen Topf geben und rühren, bis sich der Zucker auflöst. Zum Kochen bringen. Ohne Umrühren 10 Minuten kochen.

2 Vom Herd nehmen. Mangos, Ananas und Kirschen zugeben und für je 5 Minuten in der Flüssigkeit lassen. Entfernen.

Tropischer Fruchtkuchen

Backblech mit dem Teig auslegen, einen Rand formen.

Kirschen diagonal anordnen.

Andere Früchte arrangieren.

Eine köstliche Alternative zum traditionellen Weihnachtskuchen.

3 Mehl in eine Schüssel sieben, mit einer Kuhle in der Mitte. Hefe in Milch mit 1 TL Zucker auflösen. In die Kuhle geben. Zu einem sehr trocken aussehenden Teig verarbeiten.

4 Eine Schüssel leicht einölen. Teig in die Schüssel legen. An einem warmen Platz auf das Doppelte gehen lassen.

5 Wenn der Teig genug gegangen ist, Butter, Zucker, Haselnüsse und Vanille zugeben. Kneten, bis der Teig elastisch ist. In eine leicht gefettete Schüssel geben. An einem warmen Platz 30 Minuten gehen lassen. Den Teig dann 5 Minuten kneten. Ausrollen und das Backblech damit auslegen. Einen Rand formen. Den Teig mit den Früchten laut Foto belegen.

6 ZUBEREITUNG DES BELAGES: Mehl, Zucker, Zimt und Butter in einer Schüssel vermengen und zu Krümeln formen.

7 Die Brösel über die Früchte streuen. Bei 200°C 35 bis 40 Minuten backen.

ERGIBT 24 STÜCK

BANANEN SOUFFLÉ

60 g Butter oder Margarine
3 EL Mehl
$^1/_2$ TL Vanille Aroma
125 ml Sahne
2 reife mittlere Bananen
3 EL Puderzucker
4 Eier, getrennt
1 EL Kokosraspeln

1 Vier verschiedene Souffléschüsseln einfetten. Mit Puderzucker einstäuben.

2 Butter in einem kleinen Töpfchen zerlassen. Mehl einrühren. 1 Minute kochen. Vom Herd nehmen, Vanille und Sahne zugeben. Sämig schlagen. Unter Rühren aufkochen, bis die Sauce dick wird. Sauce in eine Sauciere geben. Kalt stellen.

3 Bananen zermusen. Puderzucker, Eidotter und Sauce in die abgekühlte Mischung gut verschlagen.

4 Eiweiß zu Schnee schlagen und vorsichtig in die Bananenmischung unterziehen. Dann in vorbereitete Gefäße löffeln und mit Kokosraspeln bestreuen.

5 Bei 190°C etwa 15 bis 20 Minuten backen. Sofort mit Schlagsahne servieren.

FÜR 4 PERSONEN

BANANEN-APRIKOSEN BROT

125 g getrocknete Aprikosen, gehackt
60 ml Sherry
150 g Mehl
2 TL Backpulver
$^1/_2$ TL Backpulver
90 g Butter oder Margarine
abgeriebene Schale von 1 Zitrone
160 g Puderzucker
2 Eier
125 g zerdrückte Bananen

1 Aprikosen 1 Stunde in Sherry ziehen lassen. Abtropfen und Sherry wegschütten. Mehl, Backpulver und Backsoda zweimal sieben. Beiseite stellen.

2 Butter, Zitronenschale und Zucker zusammenkneten. Eier nach und nach sehr gründlich einschlagen. Früchte nach und auch in die Mehlmischung unterziehen.

3 Mischung in eine eingefettete Form von 10 x 20 cm geben. Bei 180°C etwa 1 Stunde garen, oder bis die Mischung gar ist.

4 Auf einem Gitter auskühlen lassen. Nach Belieben mit Zuckerguß überziehen.

ERGIBT 1 BROT

SCHÄLEN VON BANANEN

Geschälte oder geschnittene Bananen in Zitronensaft tauchen, damit die Banane nicht braun wird.

KOCHEN VON BANANEN

Bananen kann man in der Schale kochen, backen oder grillen.

SCHRITT-FÜR-SCHRITT-ANLEITUNG

ANANASSORBET

1 mittlere Ananas
2 Limetten
400 ml Wasser
180 g Puderzucker
Minzezweige zur Garnitur

1 Die Ananas der Länge nach halbieren, dabei die Blätter ganz lassen. Mit einem Grapefruitmesser das Fruchtfleisch auslösen, dabei die Schale ganz lassen. Dann die Schalen bis zur Verwendung im Kühlschrank aufheben.

2 Limetten schälen und weißes Bindegeweben entfernen. In Viertel schneiden. Limetten und Ananas pürieren.

3 Wasser und Zucker unter ständigem Rühren erhitzen, bis der Zucker ganz gelöst ist. 7 bis 8 Minuten köcheln – gibt einen dünnen Sirup. Abkühlen lassen. Zur Ananasmischung geben.

4 In Gefrierbehälter gießen und frieren lassen. Wieder in den Mixer geben, um die Eiskristalle aufzubrechen. Wieder auf die Gefrierfächer verteilen. Mit Folie abdecken. Noch einmal einfrieren.

5 Vor dem Servieren den Boden der Fächer in heißes Wasser tauchen. Sorbet herausspringen lassen. In große Würfel schneiden. In die Ananasschalen füllen. Mit Minzezweigen garniert servieren.

FÜR 6 PERSONEN

Ananassorbet

Fruchtfleisch mit einem Messer auslösen.

Limetten schälen und vierteln.

Sirup in das Fruchtpüree gießen.

HEISSES TOMATEN *und* MANGO CHUTNEY

6 nicht ausgereifte Tomaten, geschnitten

4 mittlere feste unreife Mangos, geschält, ohne Stein und zerkleinert

2 Zwiebeln, geschält und zerkleinert

2 Knoblauchzehen, gehackt

1 cm Stück Ingwerwurzel, fein gerieben

150 g Korinthen

4 rote Chilis ohne Kerne und geschnitten

2 EL frisch gehackten Koriander

1/4 TL Cayennepfeffer

500 ml Malzessig

300 g braunen Zucker

1 TL Salz, nach Wunsch

1 Alle Zutaten in einen schweren Topf geben. Gut verarbeiten. Aufkochen lassen, dann 10 Minuten köcheln.

2 Hitze ganz reduzieren. Unter Rühren kochen, bis die Mangos weich sind und die Mischung eine marmeladenähnliche Konsistenz hat.

3 Vom Herd nehmen. Leicht abkühlen. Chutney in sterilisierte Gläser füllen. Luftblasen mit Hilfe eines Spießchens entfernen.

4 Papierscheiben in der Größe der verwendeten Gefäße aus Ölpapier ausschneiden. Auf das Chutney legen. Mit den Fingerspitzen andrücken, damit die Luft entweicht.

5 Mit sterilisierten Deckeln versiegeln. Kühl lagern. Nach dem Öffnen im Kühlschrank aufbewahren.

ERGIBT 1 1/2 LITER

PIKANTE MANGO-SAUCE

2 Mangos, geschält, ohne Stein und püriert

1 EL Madeira

60 g Butter oder Margarine

2 grüne Chilis, fein gehackt

1 TL Kümmelkörner

Salz und frisch geriebenen Pfeffer

1 Mango und Madeira zusammen sämig rühren. Butter in einer kleinen Pfanne auslassen. Alle Zutaten hineingeben. Zugedeckt 8 Minuten, bei gelegentlichem Rühren, köcheln.

2 Wenn die Sauce zu dick werden sollte, mit etwas Wasser verdünnen. Zugedeckt im Kühlschrank lagern. Sauce kann heiß oder kalt mit Rindfleisch-, Schweinefleisch-, Fisch-, Hühnergerichten und Reis gegessen werden.

ERGIBT 375 ML

Heißes Tomaten und Mango Chutney

Dattelpflaumen-marmelade

Die spitzen Fruchten-den über Kreuz einschneiden.

Das Fruchtfleisch mit Zucker langsam erhitzen.

Zitronensaft und -schale sowie Ananas einrühren.

DATTELPFLAUMEN-MARMELADE

4 reife Dattelpflaumen
500 g Zucker
100 g Ananasraspeln
1 EL Zitronensaft
geriebene Schale von 1 Zitrone

1 Ein Kreuz in die spitzen Enden der Dattelpflaumen schneiden. Haut zurückschieben. Beide Enden wegwerfen.

2 Fruchtfleisch mit Zucker vermischen. Langsam 15 Minuten erhitzen, ohne zu kochen. Ständig rühren, bis der Saft dick und klar wird.

3 Ananas, Zitronensaft und -schale einrühren. In warme, sterilisierte Gläser füllen. Kalt werden lassen, versiegeln.

ERGIBT 375 ML

MANGO-MINZE DRINK

1 Mango, geschält, ohne Stein und püriert
125 ml Orangen- und Mangosaft
125 ml Zitronenlimonade
3 EL Advocaat
2 EL Crème de Menthe
Minzeblätter zur Garnierung

1 Alle Zutaten sämig verarbeiten. Eiswürfel in Gläser geben, Drink darübergießen. Mit Minzeblättern garnieren.

FÜR 2 PERSONEN

TAMARILLO CHUTNEY

500 g braunen Zucker
250 g Äpfel, geschält, ohne Kerngehäuse und dünn geschnitten
250 g Zwiebeln, geschält und fein gehackt
12 Tamarillos, blanchiert und gewürfelt
300 ml weißen Essig
1 TL gemischte Gewürze
2 TL Salz
1 Prise Cayennepfeffer

1 Alle Zutaten in einen Topf geben und zum Kochen bringen. Hitze reduzieren und dann 45 Minuten köcheln, bis die Masse dick wird. Gelegentlich umrühren.

2 In warme, sterilisierte Gläser füllen. Versiegeln.

ERGIBT 1 LITER

🍂 TAMARILLOS

Eine reife Tamarillo soll fest sein, aber nicht hart. Sie können halbiert und mit einem Löffel gegessen werden, aber wenn man sie kocht, muß die Schale entfernt werden, denn sie ist bitter. Mit kochendem Wasser überbrühen, 2 Minuten warten. Dann läßt sich die Haut wie bei einer Tomate abschälen.

FEIJOA *und* GUAVEN GELEE

1,25 kg Feijoas
1 kg Äpfel, ohne Kerngehäuse
500 g Guaven
Zucker

1 Alle Früchte zerkleinern. Mit Wasser bedecken. 1 Stunde kochen oder bis ein Mus entsteht.

2 Durch ein Sieb passieren oder über Nacht durch ein Musselinetuch.

3 Fruchtmenge ausmessen. Pro 185 ml Fruchtmus 180 g Zucker zusetzen. Saft zum Kochen bringen, dann Zucker zusetzen und rühren, bis der Zucker sich gelöst hat.

4 10 Minuten kräftig kochen oder bis ein paar Testtropfen auf einem kalten Saucenlöffel sich zusammenziehen.

5 In warme, sterilisierte Gläser füllen. Nach dem Abkühlen versiegeln.

ERGIBT 1,5 LITER

Feijoa und Guaven Gelee

Früchte grob zerkleinern.

Gekochte Früchte durch ein Sieb streichen.

Saft aufkochen und mit Zucker versetzen.

FRUCHTERNTE

PRODUKT	SÜDLICHE HEMISPHÄRE	NÖRDLICHE HEMISPHÄRE
Ananas	ganzjährig	ganzjährig
Äpfel (Delicious)	ganzjährig	ganzjährig
Äpfel (rot) (Jonathan, Rom, Beauty, Bonza)	März bis Dezember	Oktober bis März
Äpfel (grün) (Granny Smith)	ganzjährig	ganzjährig
Aprikosen	November bis Februar	Juni bis August
Avocados	November bis Februar	Juni bis August
Bananen	ganzjährig	ganzjährig
Birnen	ganzjährig	ganzjährig
Boysenbeeren	Dezember bis Februar	Juli bis August
Brombeere	Januar bis März	August bis September
Cantaloupemelonen	ganzjährig	Juli bis September
Carambola (Sternfrucht)	Oktober bis Juli	Juni bis Juli

PRODUKT	SÜDLICHE HEMISPHÄRE	NÖRDLICHE HEMISPHÄRE
Custardäpfel	April bis August	Juni bis Dezember
Datteln	ganzjährig	ganzjährig
Erdbeeren	ganzjährig	ganzjährig
Erdbeeren (importiert)	Mai bis Juli	ganzjährig
Feigen, frisch	Dezember bis Mai	Juli bis September
Feijoas	Mai bis August	ganzjährig
Grapefruit	ganzjährig	ganzjährig
Guaven	November bis Mai	ganzjährig
Himbeeren	November bis Februar	Juli bis August
Honigmelonen	ganzjährig	Februar bis Dezember
Johannisbeeren (rote/schwarze)	Dezember	Juni bis September
Kakifrüchte Dattelpflaumen	Februar bis Juni	Oktober bis Dezember
Kirschen	Oktober bis Mitte Januar	Mai bis Juli

PRODUKT	SÜDLICHE HEMISPHÄRE	NÖRDLICHE HEMISPHÄRE
Kiwis	ganzjährig	ganzjährig
Kokosnuß	ganzjährig	ganzjährig
Limetten	Juni bis September	ganzjährig
Lychees	November bis März	Dezember bis März
Mandarinen (Clementinen, Tangerinen, Satsumas)	April bis Oktober	Juli bis Februar
Mangos	November bis März	ganzjährig
Maulbeeren	Oktober bis Dezember	Juni bis September
Orangen (Navel)	Mai bis Oktober	November bis März / Mai bis Juli
Orangen (Valencia)	September bis April	April bis November
Papaya	ganzjährig	ganzjährig
Passionsfrüchte	ganzjährig	ganzjährig
Pfirsiche	November bis März	Mai bis September / Dezember bis Januar
Pflaumen (Frühsorten)	Dezember	Juli bis April

PRODUKT	SÜDLICHE HEMISPHÄRE	NÖRDLICHE HEMISPHÄRE
Pflaumen (Wilsons)	November bis Dezember	Juli bis April
Pflaumen (Blutpflaumen und andere Sorten)	Dezember bis Februar	Juli bis Apri
Pflaumen (Präsident)	März bis Mai	Juli bis April
Quitten (Japanische)	Januar bis Mai	Mitte Juli
Rambutans	September bis Mai	ganzjährig
Rhabarber	ganzjährig	Januar bis September
Stachelbeeren	Oktober bis Februar	Juni bis Juli
Tamarillos	März bis Dezember	August bis September
Trauben (frühreife Sorten)	November	ganzjährig
Trauben (blaue Muskat)	Dezember bis April	Juli bis Mai
Trauben (weiß/blaue Sorten)	Januar bis Juni	ganzjährig
Trauben (Sultaninen)	Januar bis Mai	Juni bis Juli / Januar bis Februar
Wassermelonen	ganzjährig	Mai bis September
Zitronen	ganzjährig	ganzjährig

REGISTER